Ein Sommer auf Kreta

Marie Renninghaus

Ein Sommer auf Kreta

Roman
nach einer wahren
Begebenheit

Marie Renninghaus

Bibliografische Information der Deutschen Nationalbibliothek: Die Deutsche Nationalbibliothek verzeichnet diese Publikation in der Deutschen Nationalbibliografie; detaillierte bibliografische Daten sind im Internet über http://dnb.d-nb.de abrufbar.

Namen sowie Orte sind verändert worden.
Dies erfordert das Persönlichkeitsrecht.
Etwaige Ähnlichkeiten mit lebenden Personen wären Zufall und wurden nicht beabsichtigt.

Überarbeitete Version von

ES WAR SOMMER
ein unvergessener Urlaub auf Kreta
1. Auflage

Covergestaltung:
Marie Renninghaus

Autorenportrait

Marie Renninghaus, (der Name ist ein Pseudonym), wurde 1959 in Niederösterreich geboren.
Nach ihrer kaufmännischen Ausbildung schrieb sie einige Jahre als freie Journalistin für eine Wochenzeitung.
Neben ihrer Liebe zu Kreta und deren Menschen, ist Marie eine begeisterte Reiterin und gibt dieses Wissen auch an andere Pferdeliebhaber weiter.
Heute lebt die Autorin im niederösterreichischen Waldviertel.

Bisher erschienene Bücher:
Es war Sommer, ein unvergessener Urlaub auf Kreta
Es war Sommer – Die Rückkehr, Wiedersehen auf Kreta

Widmung:

Dieses Buch möchte ich einem ganz besonderen Mann widmen, den ich in all den Jahren aus meinen Augen - jedoch nicht aus meinem Herzen verloren habe.

Weiters möchte ich meiner lieben Schwester Angie DANKE sagen, für all die Mühe die sie mit mir hatte. Sie stand mir mit Rat und Tat zur Seite und war meine Kritikerin.
Dadurch erfuhr sie von diesem Teil meines Lebens, den nur zwei Personen kannten.

ER + ICH
UND NUN SIE.

Inhaltsverzeichnis:

Zum Inhalt:

Als Marie ihren Flug auf die Mittelmeerinsel Kreta antrat, wusste sie nicht, dass diese Reise ihr ganzes Leben verändern sollte.
Frech und unbekümmert starten sechs Freunde ins vermeintliche Abenteuer. Auf der Insel angekommen, trifft Marie einen jungen Griechen. Die Beiden verlieben sich und beginnen eine Affäre. Aber da ist noch ein Anderer.
Antonis, ein Barbesitzer und einige Jahre älter, hat ein Auge auf das junge Mädchen geworfen. Heißblütig verfolgt und umgarnt er sie, solange, bis sie seinem südländischen Charme erliegt.
Antonis und Marie erleben die leidenschaftlichsten 24 Stunden ihres Lebens.
Was als Spiel beginnt, wird bald zur großen Liebe, und der Kreter setzt alles daran, Marie zum Bleiben auf der Insel zu überreden.

Das Abenteuer beginnt

Endlich war es soweit. Wir standen am Münchner Flughafen und warteten ungeduldig auf unseren Abflug.

Unsere Urlaubsgruppe bestand aus vier Mädchen und zwei Jungs. Wir hatten uns vorgenommen, in diesen beiden Wochen die größte Insel der Ägäis auf den Kopf zu stellen.

Es war Donnerstag, der 23. August 1979.

Ich bin Marie, und meine Freunde sind Gerdi, Eva, Nina, Max und Gerry. Schon am Flughafen fielen wir durch unser ausgelassenes Benehmen auf. Wir waren jung, fühlten uns unbeschwert und wunderbar frei.
Welch herrlicher Urlaub lag vor uns.
Noch schnell durch die Zollkontrolle... könnte man meinen. Aber nein, ich wurde aus der Reihe geholt... und gefilzt. Mit Leibesvisitation.

„Oh, das ist eine Frau“, meinte der Zöllner ganz überrascht und schickte nach einer Beamtin. Kein Wunder, wenn man mich ansah. Mit meinen ausgefranzten Jeans, selbigem Shirt, Turnschuhen und der Nato Jacke sah ich eher aus wie Conny Kramer am Drogentrip.

„Das ist unsere Terroristin, nehmen Sie sie fest“, grölte mein Gefolge. Die Zöllner lachten.

„Sind das ihre Freunde?" fragte der Beamte. „Ja, leider", antwortete ich. „Habe keine Besseren auftreiben können."

„Kann passieren", schmunzelte er. „Durch die Kontrolle geht's trotzdem. So verfahren wir mit Terroristen."

„Wenn ich den Flug dadurch nicht verpasse, soll es mir recht sein", konterte ich frech und ließ die Prozedur über mich ergehen. Gefunden wurde natürlich nichts, und als ich ungeschoren davonkam, nahmen mich meine Kameraden johlend in Empfang. „Das fängt ja gut an", lachten sie. „Willst du nicht doch lieber zu Hause bleiben? Wahrscheinlich sitzen wir mit dir im Urlaub nicht am Strand, sondern hinter Gittern."

Im Flieger ging unsere lustige Stimmung weiter. „Wer als erste einen griechischen Lover an der Angel hat, gewinnt eine Flasche Sekt", verkündete ich übermütig. Natürlich hörbar für alle mitreisenden Passagiere.

Diese Wette fand zwischen Gerdi und mir statt. Eva und Nina erweckten nicht den Anschein, als ob sie auf ein Abenteuer aus wären. „Griechenland ohne griechischen Lover ist wie ein Urlaub in Italien ohne Spaghetti", posaunte Gerdi. Alles lachte. In der Zwischenzeit unterhielten wir das halbe Flugzeug mit unseren Anekdoten.

Die Zeit verging im wahrsten Sinne des Wortes wie im Fluge. Als wir aus dem Fenster sahen, lag unter uns das Ägäische Meer mit seinen unzähligen Inseln... in seiner gesamten Schönheit. Wir waren überwältigt. Da wir das Glück hatten, am Tag zu fliegen, war uns dieser Anblick vergönnt. Ich habe selten Schöneres gesehen, als diese braunen Inselflecken im tiefblauen Meer. Ich wusste, nie wieder würde ich diesen Anblick vergessen, und noch heute denke ich voller Wehmut daran zurück.

Die Maschine setzte zum Landeanflug auf Heraklion an. Es war eine gute Landung, und als wir das Flugzeug verließen, schlug uns sommerliche Hitze entgegen. Es war siebzehn Uhr. Zum Glück stand der Bus schon bereit, der uns ins Hotel nach Pasormalos bringen würde.

Pasormalos, ein damals völlig unbekannter Ort. Ein ehemaliges Fischerdorf, dessen idyllische kleine Altstadt heute verschwunden ist, in der Massentourismus-Industrie dieses Gebietes. Aber damals, im Sommer 1979, erwachte der Ort erst zum Leben und hatte noch viel vom urtümlichen Kreta, das man heute nur mehr im Landesinneren und im Süden der Insel findet.

Wir wohnten im Hotel „Palmera“, einer etwas größeren Frühstückspension mit Bar. Ich würde zu gerne wissen, ob es das Haus noch gibt. Es lag am damaligen Ortsrand Richtung Balis, unweit der

Straße. Einige Meter weiter war ein Shop mit einem Parkplatz davor. Wenn man die Pension verließ, ging es rechts zu einem kleinen Sandstrand, die Stufen hinab. Keine 50 Meter entfernt. Der Strand war klein und nichts Besonderes, aber gemütlich, weil nicht überfüllt. Eine kleine nette Bucht. Auch das Palmera wirkte sehr lauschig. Alle Zimmer mit Balkon, und von außen sah es aus, wie ein typisch kretisches Haus. Weiß, mit wunderschönen Bögen über den Fenstern.

Wir bezogen unsere Zimmer. Ich wohnte mit Gerdi zusammen. Neben uns waren Eva und Nina, und anschließend Max und Gerry.

Eigentlich bezogen wir die Zimmer nicht so, wie man sich das üblicherweise vorstellt. Wir schmissen nur das Gepäck rein, duschten, und trafen uns in der Bar. Auf der Herfahrt hatten wir eine tolle Taverne entdeckt. Ein Holzbau mit Strohdach. Die wollten wir aufsuchen und unser erstes kretisches Abendessen einnehmen. Leider zeigte sich der Kellner außerordentlich arrogant. Offensichtlich mochte er keine Ausländer.

„Wo bleibt die vielgerühmte griechische Freundlichkeit“, fragten wir uns.

„Das fängt ja heiter an“, bemerkte Gerry.

„Wenn alle so sind – na gute Nacht.“

„Ich hoffe nicht, sonst wird es nichts mit dem Sekt“, gab Gerdi zu bedenken. Alle lachten. So eine Pleite. Der erste Kreter den wir kennenlernten, entsprach so gar nicht unseren Vorstellungen. Wir fühlten uns sehr unwohl, trotz des ausgesprochen tollen Lokals. Zu essen bekamen wir auch nichts. So beschlossen wir auszutrinken und uns etwas Freundlicheres zu suchen.

„Ich hoffe, das gibt es hier", meinte Max. Wir waren die einzigen Gäste, was bei dieser Bedienung nicht weiter verwunderlich war.

So lernt man einen Kreter kennen

Plötzlich betraten zwei einheimische Männer das Lokal. Sie nahmen am Nebentisch Platz. Einer war um die vierzig, und den Zweiten schätzten wir auf knappe 25 Jahre. Der Kellner bediente sie, jedoch wesentlich freundlicher als uns.

„Also hat er doch etwas gegen Ausländer", dachte ich.

Beide Griechen unterhielten sich und sahen zu uns rüber, wobei der Jüngere zu mir hersah, und offensichtlich auch über mich sprach. Das passierte so auffällig, dass Max grinsend bemerkte:

„Gerdi, ich glaube du zahlst den Sekt. Der fährt auf Marie ab." Wir lachten und sahen zu dem Tisch rüber. Darauf erhoben sich die Beiden und kamen auf uns zu.

„Dürfen wir uns zu euch setzen?", fragte der Jüngere in englischer Sprache und sah mich dabei an. Da man sich auf Kreta üblicherweise auch zu Fremden an den Tisch setzt, antwortete ich:

„Ja gerne." Er reichte mir die Hand.

„Mein Name ist Nikos", stellte er sich vor, nahm einen Stuhl vom Nebentisch und zwickte sich zwischen Gerdi und mich rein. Er ließ keinen Zweifel aufkommen, wen er wollte.

„Ein Mann, der weiß was er will", dachte ich schmunzelnd.

Sekunden später fragte er, ob einer der beiden

Jungs mein Freund wäre, und ich antwortete wahrheitsgemäß mit *Nein*. Dann wollte er wissen, ob ich zu Hause einen Freund hätte. Als ich diese Frage ebenfalls verneinte, schien er zufrieden und meinte nur:

„Very good". Für ihn war alles geklärt.

Meine Kumpels sperrten die Augen auf, bei dieser ungewöhnlichen Konversation, und ich hatte Mühe, nicht laut loszuprusten. *So ging das auf Griechisch*. Das versprach ein interessanter Urlaub zu werden. Der andere Kreter stellte sich als Yannis vor und nahm ebenfalls Platz. Nur wesentlich dezenter. Auf Anhieb war meinen Freunden klar, dass ich eine Eroberung gemacht hatte und Nikos ausschließlich an mir interessiert war. Übermütig sagte ich daher zu Gerdi:

„Ich denke, du weißt, was das für dich bedeutet und beginnst zu sparen... auf einen guten Schampus", und hoffte inständig, dass die Beiden kein Deutsch verstanden.

„Habt ihr Lust, mit uns in die Innenstadt zu gehen? Dort gibt es ein nettes Lokal. Eine tolle griechische Disco, falls euch so etwas Spaß macht", fragte Nikos. Und ob wir Lust hatten. Diese schöne Taverne, in der wir saßen, würde keiner von uns jemals wieder besuchen. Ich sah in die Runde.

„Habt ihr verstanden, was Nikos gesagt hat?", fragte ich. „Es gibt eine tolle Disco, und die Beiden möchten, dass wir mitkommen."

„Klar wollen wir", war der allgemeine Tenor auf meine Frage. So brachen wir auf und stürzten uns ins kretische Nachtleben.

Die Begegnung mit den beiden Kretern war der absolute Treffer. Kaum angekommen, hatten wir schon eine Bekanntschaft gemacht, die uns in den nächsten beiden Wochen die Insel von einer Seite zeigen sollte, wie sie wohl nicht alle Urlauber zu sehen bekommen würden.

Während ich hier schreibe sehe ich alles klar vor mir, so, als ob es erst gestern gewesen wäre. Jede Einzelheit, jede Geste, jedes Gespräch wandert vor mein geistiges Auge und ich brauche nicht darüber nachzudenken. Ich schreibe, ohne auch nur einmal abzusetzen. Die Bilder laufen wie im Film vor mir ab. Ich erinnere mich sogar an den Geruch. Es ist unglaublich. Dieser Urlaub war vor 33 Jahren, und ich brauche mich nicht einmal in die Situation hineinzuversetzen. Diese Insel hält mich absolut gefangen.

Wir machten uns auf den Weg in die Altstadt. Die Nacht war hereingebrochen und der Geruch des Meeres zog durch die Gassen. Eine lustig plaudernde Urlaubergruppe mit zwei Griechen. Nikos hatte sich an meine Seite geheftet.

„Gerdi...", fragte Max, „bezahlst du heute schon den Sekt?"

„Du wirst es noch erwarten können. Noch ist er nicht Maries Lover“, entgegnete sie.

„Noch nicht, aber wie es aussieht, bald“, verlautbarte Eva. „Ich würde ihn nicht von der Bettkante stoßen.“

„Hört, hört…“, Gerry schmunzelte. „Ich denke, ich muss auf euch Mädchen achten. Mir scheint, der Boden hier ist heiß.“

Darauf brachen wir in schallendes Gelächter aus.

Nikos und Yannis sahen uns fragend an. Ich fühlte mich zu einer Erklärung verpflichtet. Sonst dachten diese Kreter noch, wir würden über *sie* lachen.

„Wir sind heute etwas übermütig. Es ist unser erster Urlaubstag, unsere Freunde machen sich über uns Mädels nur lustig“, erklärte ich Nikos. Dieser nickte und grinste.

Antonis Bar

Wir durchquerten einen wunderschönen kleinen Stadtkern und standen plötzlich vor einem Lokal, welches den Namen *Bouzouki Bar* trug. Griechische Musik drang nach draußen. Richtig idyllisch und in Stein gehauen präsentierte sich diese Taverne. Es hatte den Anschein, als ob wir eine Höhle betreten würden. Auch von innen wirkte es wie ein Kellergewölbe.

Unsere Begleiter steuerten auf den Barmann zu. Der Mann kam uns entgegen und stellte sich als Antonis vor. Nach kurzer Begrüßung fragte er:

„Where are you coming from?"

„We are from Austria", erscholl es.

„Oh, von Österreich. Das freut mich aber", antwortete er in fast akzentfreiem Deutsch. Wir waren verwundert.

„Wieso sprichst du so gut Deutsch", fragten Max und Gerry fast gleichzeitig.

„Ich habe sieben Jahre mit einer Freundin in Frankfurt ein Lokal geführt und es freut mich immer wieder, Menschen mit deutscher Muttersprache zu treffen. So bleibe ich in Übung und verlerne nichts." Antonis war sichtlich stolz. Er führte uns zu einem Tisch, an dem bereits drei Kreter saßen und wir nahmen Platz. Ein netter junger Kellner beobachtete neugierig das Geschehen und Antonis winkte ihn heran.

„Das ist Yorgio, er arbeitet fallweise bei mir“, stellte er uns den jungen Mann vor. Während Yorgio unsere Bestellung annahm, leistete Antonis uns Gesellschaft. Er war offensichtlich sehr nett und es entstand eine lockere Plauderei. Dazwischen gingen wir immer wieder tanzen. Die Disco war sehr voll.

Es war einundzwanzig Uhr geworden, als unsere Tischnachbarn sich erhoben. Sie begaben sich zur Tanzfläche, Yorgio legte einen Sirtaki auf und die Tänzer zeigten uns, was griechische Akrobatik war.

„Jede volle Stunde spielen wir griechische Folklore. Das kommt sehr gut an bei den Gästen“, erklärte Antonis.

Aber nicht nur diese Tänzer waren eine Sensation, sondern auch das, was gleich darauf folgte. Die Kreter holten uns auf die Tanzfläche und es wurde in einer langen Schlange Bouzouki getanzt. Raus auf die Gasse, die Straße hinunter und wieder zurück. Es war herrlich. Wir hatten so etwas noch nie erlebt und waren daher total begeistert. Auch diese fremdartige Musik faszinierte uns. Besonders der berühmte Sirtaki *Alexis Zorbas* aus dem gleichnamigen Film mit *Anthony Quinn*. Er wurde rauf und runter gespielt.

Nikos und ich flirteten und Antonis fühlte sich offensichtlich zu Gerdi hingezogen. Mit Lachen, Tanzen und Trinken verbrachten wir die nächsten Stunden. Darum waren wir auch alle sehr enttäuscht, als sich die Tür öffnete und zwei Polizisten die Disco betraten. Denn..., es war zwei Uhr vorbei.

Sperrstunde auf Kreta!

Die Uniformierten baten die Gäste auszutrinken und das Lokal zu verlassen. Wir waren das nicht gewohnt und daher etwas traurig, weil uns der Aufbruch abrupt vorkam. Antonis, der hinter mir stand, flüsterte mir ins Ohr:

„Geht nicht, ich habe ein Hinterzimmer. Wir feiern weiter, wenn die Gäste gegangen sind."

Wir warteten daher, und als sich das Lokal gelehrt und Yorgio abgeschlossen hatte, gingen wir in einen Nebenraum. Von unserer Gruppe waren noch Gerry, Max, Gerdi und ich übrig. Nina und Eva waren bereits um elf Uhr ins Hotel gegangen. Nikos, Antonis und Yorgio nahmen bei uns Platz. Die Getränkeflaschen hatten wir mitgenommen, und mit viel Retsina, Bier, Zigaretten und griechischer Musik verbrachten wir die nächsten Stunden. Es war lange nach vier Uhr morgens, als wir ins Palmera zurückkehrten. Unsere griechischen Freunde begleiteten uns, und so verabredeten wir uns für die Mittagszeit mit Antonis... wenn er ausgeschlafen hatte.

„Wenn ihr am Strand seid, finde ich euch schon", meinte er zum Abschied.

„Sehen wir uns am Abend?", fragte mich Nikos.

„Wenn du das möchtest. Wir sind jedenfalls bei Antonis", antwortete ich lächelnd.

„Gut, dann komme ich auch. Es wird jedoch nicht früher als 22 Uhr sein. Um diese Zeit schließe ich meinen Shop."

>*Nikos' Souvenirs*< nannte er seinen kleinen Laden, den er vor einem knappen Jahr in Balis eröffnet hatte... so viel wusste ich bereits.

„Wartest du auf mich?“, fragte er nochmals.

„Yes, I'll wait for you“, antwortete ich.

Darauf küsste er mich ganz zart auf die Lippen und lächelte. Ich war ein klein wenig überrascht, erwiderte seinen Kuss aber nicht.

„Wann zahlst du die Flasche Sekt?“, fragte Max zum wiederholten Mal.

„Morgen! Bei Antonis! Damit du endlich Ruhe gibst!“ Gerdi verdrehte die Augen.

Lachend verabschiedeten wir uns von unseren Freunden und gingen die Stufen hoch. Der Hotel-Page schlief, im Foyer... am Kanapee. Er wurde geweckt, um uns einzulassen. Das Hotel hatte ab 24 Uhr geschlossen, und es gehörte zu seinem Job, den spätheimkehrenden Gästen zu öffnen. Der arme Junge würde uns noch verfluchen... in den nächsten beiden Wochen. Aber das wusste er zu diesem Zeitpunkt noch nicht.

Kurz darauf lagen wir in unseren Betten. In der Zwischenzeit waren wir bereits 25 Stunden auf den Beinen. Aber die Nacht sollte nicht lange dauern. Bereits nach drei Stunden Schlaf standen wir wieder auf. Niemand wollte nur eine Minute versäumen. Schlafen konnten wir, wenn wir wieder zu Hause waren.

Die ersten Tage

Es war Tag eins und ein herrlicher Morgen. Die Sonne schien mir ins Gesicht. Ich stand auf dem Balkon und gewahrte zum ersten Mal unser Urlaubsdomizil. Vor meinen Augen erstreckte sich das kretische Meer – und Pasormalos, ein ehemaliges Fischerdorf. Es war inzwischen zu einer kleinen Stadt angewachsen, sah nicht besonders toll aus, aber für mich war es das Paradies.

Noch heute sehe ich es deutlich vor mir. Zu meiner Rechten die kleine Steintreppe, die zum Hotelstrand hinabführte; und schaute man nach links, war ein Mini-Market zu sehen... mit einem Parkplatz davor. Die felsige hohe Landzunge, die wie ein Riff aus dem Meer ragte, auf der die kleine Taverne thronte, war etwas weiter entfernt, aber gut sichtbar. Ein Wahrzeichen von Pasormalos. Ich wandte mich um und sah Gerdi zu, wie sie ihr Strandkleid überzog.

„Ich möchte nach dem Frühstück in die Stadt und mir etwas typisch Griechisches kaufen. Kommst du mit?“, fragte sie.

„Natürlich, daran habe ich auch schon gedacht“, erwiderte ich.

Wir hatten uns während des Fluges bereits vorgenommen, die Boutiquen zu durchstöbern.

Als wir wenig später den Frühstücksraum betraten, waren unsere Freunde bereits da und aufgeregt erzählten wir Eva und Nina, was wir letzte Nacht alles erlebt hatten. Gerry und Max unterhielten sich in der Zwischenzeit mit zwei Berlinerinnen, die im Zimmer nebenan wohnten. Lisa und Sonja. Sie saßen am Nebentisch und ich lud sie zu uns ein. Gerry hatte ein Auge auf die blonde Lisa geworfen und zeigte sich von seiner lustigsten Seite. All unsere Freunde, einschließlich der Neuen, wollten nach dem Frühstück sofort zum Strand.

„Marie und ich gehen davor noch in die Stadt. Wir brauchen neue Klamotten“, posaunte Gerdi in die Runde.

„Kommt aber rechtzeitig zurück. Ihr wisst ja, dass Antonis zu Mittag kommt. Ich glaube, er wollte mit uns irgendwo hinfahren. Wenn ihr nicht da seid, fahren wir ohne euch“, meinte Max.

„Du glaubst doch nicht, das Antonis ohne Gerdi fährt? Wegen ihr kommt er ja. Oder meinst du, er besucht dich?“ Ich bog mich vor Lachen und alle stimmten mit ein.

Mit essen und blödeln verging die Zeit und unsere kleine Gruppe brach auf. Wir beide in die Stadt und die anderen zum Strand. Gerdi und ich besuchten einige nette Geschäfte und fanden schließlich *unser* Kleid. Ein bodenlanges gelbes Baumwollkleid und sogenannte Jesus Sandalen, aus Leder. Wir kauften beide dasselbe und zogen es gleich über. Unsere Freunde würden Augen machen, wenn wir in dieser Aufmachung am Strand auftauchten.

Als wir dort eintrafen, war Antonis bereits da.

„Wie seht ihr denn aus?“, riefen alle durcheinander. Nur Antonis sagte nichts. Er stand auf, nahm uns an der Hand, lächelte und erklärte, wie sehr er sich freuen würde, mit zwei so hübschen Ladys über die Insel zu fahren.

„Wir müssen noch auf Yorgio warten. Er kauft Getränke für die Bar.“ Antonis blickte auf die Uhr. Währenddessen sahen wir den Genannten die Treppe runter kommen.

Yorgio war damals 19 Jahre alt und stand kurz vor der Einberufung zum Militär. In Griechenland dauerte der Grundwehrdienst zu diesem Zeitpunkt zweieinhalb Jahre. Armer Yorgi. Was wohl aus ihm geworden ist? Ich habe nie wieder von ihm gehört.

Wenig später packten wir unsere Sachen und machten uns auf den Weg, Richtung Parkplatz, wo Antonis' Auto stand. Max, Gerdi, Yorgi, Antonis und ich. Die anderen wollten sonnenbaden.

Unsere Gruppe hatte sich aufgeteilt. Gerry blieb bei den vier Mädchen. Klar, dass er Lisa nicht mehr vom Haken lassen wollte. Es war auch besser so. Wir waren zu fünft und passten daher bequem in Antonis' Auto. Unsere kretischen Freunde schlugen vor, nach Balis zu fahren. Sie wollten uns das Städtchen zeigen.

„Wir werden Nikos besuchen. Er wird sich freuen,

dich zu sehen“, meinte Antonis und sah mich augenzwinkernd an.

So fuhren wir los, vorbei an Kyros, das damals nur aus ein paar alten Häusern bestand. Als wir in Balis eintrafen, war ich enttäuscht. Es war eine furchtbar überlaufene Stadt. Zwar hübsch im Innenkern, aber voller Touristen. Diese Stadt war der einzige Ort, der mir nicht gefallen hat.

Wir bummelten durch die Gassen und fuhren anschließend zu Nikos. Sein Shop lag etwas abseits, aber es war sehr nett dort. Fürs Geschäft wäre mehr Trubel besser gewesen. Viel los war in dieser Straße nicht.

Nikos war überrascht, als wir seinen Laden betraten... freute sich aber. Es war ein schönes Geschäft, das er sich geschaffen hatte. Am besten gefiel mir der Schmuck, den er verkaufte.

Nachdem wir uns die vielen schönen Dinge angesehen und auch einiges erstanden hatten, gingen wir alle zusammen ins nebenliegende Kaffeehaus. Nikos konnte von dort seinen Shop gut im Auge behalten, falls Kunden kommen sollten.

„Heute Morgen war ich nicht sicher, ob ich dich wiedersehen würde. Nun bist du da“, flüsterte er mir zu.

Anschließend erkundeten wir mit Antonis die Umgebung. Wir fuhren durch kleine Dörfer, besuchten Lokale seiner Freunde und sahen viel von der kretischen Landschaft. Es wurde ein sehr netter Nachmittag.

Es war Abend geworden, als wir in Pasormalos eintrafen. Wir gingen in unsere Pension, die eine kleine Bar hatte, in der Hoffnung, unsere Freunde dort zu treffen. Die waren den ganzen Tag am Strand gelegen und hatten im Gegensatz zu uns schon etwas Farbe.

Lange hielten wir uns nicht auf, denn wenig später zog es uns wieder in die Bouzouki Bar. Wie schon am Vortag hörten wir von weitem die Musik spielen.

„Kommt, setzt euch, ich freue mich, euch alle zu sehen“, begrüßte uns Antonis.

Yorgi war auch schon da, machte sich augenblicklich an Gerdi ran, und wurde von seinem Chef mit einem warnenden Blick abgemahnt, und mit Arbeit eingedeckt. Wenig später betrat Nikos die Bar.

Yorgi hatte mein Lieblingslied auf den Plattenteller gelegt. Wir tanzten zu >*Honesty*< von *Billy Joel*. Ein richtiger Schmusesong aus den 70ern.

Mir fiel auf, dass Gerdis Augen ununterbrochen an Antonis hingen. Dieser schien dies auch bemerkt zu haben. Ich fand, dass die Beiden gut zueinander passten. Nur einem gefiel das nicht, und das war Yorgi.

Das Blatt wendet sich

Nach einigen Tagen hatten wir uns gut eingelebt. Tagsüber waren wir mit Antonis unterwegs und die Nächte verbrachten wir in seiner Bar. Mit Nikos traf ich mich täglich.

Nachdem wir wieder einmal die Sperrstunde verlängert, und diesmal etwas mehr als gewöhnlich getrunken hatten, wollte niemand mehr ins Hotel gehen. Antonis meinte, dass wir alle in der Disco schlafen könnten. Außer Nikos, denn der war bereits vor Stunden nach Hause gefahren.

Schnell war die Polsterung der Bänke abmontiert, die wir flugs auf die Tanzfläche legten. Zweifelnd stand ich da und betrachtete unsere Schlafstätte. Ich brauchte eine Decke, in die ich mich einkuscheln konnte, sonst würde ich nicht schlafen können... das sagte ich Antonis. Er lächelte mich an, strich leicht über meinen Arm und sprach:

„Du kannst meine Decke haben. Ich bring sie dir." Ich wusste, dass er fallweise in der Bar übernachtete, in dem Zimmer, in dem wir immer zusammen saßen. Dort stand eine Schlafcouch. Antonis benützte sie, wenn es spät geworden war, oder wenn er zu viel getrunken hatte. Nun ging er nach nebenan um mir seine Bettdecke zu holen. Es war ein kariertes Reiseplaid, warm und kuschelig.

„Was ist mit dir?", fragte ich. „Womit deckst du dich zu?"

„Mach dir um mich keine Sorgen. Diese eine Nacht komme ich ohne Decke aus."

Dankend nahm ich das Plaid aus seiner Hand und tat es mir gemütlich. Ich lag am äußeren Rand, neben mir machte es sich Gerdi bequem, dann kam Max, dann Yorgi. Antonis legte sich ans andere Ende. Kurz wunderte ich mich noch, warum er nicht seine Couch benützte und sich stattdessen auf den harten Boden legte, war aber Sekunden später eingenickt.

Ich weiß nicht, wie lange ich geschlafen habe, als ich spürte, wie jemand mich küsste. Ich hatte Mühe, meine Augen zu öffnen und währenddessen fühlte ich, wie diese Lippen, zu wem immer sie gehörten, über mein Gesicht glitten, meine Augen berührten und mich auf den Mund küssten.

Als ich es endlich schaffte aufzuwachen, sah ich in Antonis' schwarze Augen. Er hatte sich über mich gebeugt, und obwohl es noch dunkel war, konnte ich seine Gesichtszüge schemenhaft erkennen. Was ich aber ganz deutlich sah, war die Erregung, die ihn gepackt hatte. Seine pechschwarzen Haare standen vom Kopf ab, was mich vermuten ließ, dass er eben erst aufgewacht war. Seine Augen glühten und seinen Anblick konnte man im günstigsten Fall als *wild* bezeichnen. Es war ein völlig anderes Bild von ihm, eines, das ich bisher noch nicht gekannt hatte. Ich dachte nur: *Oh mein Gott, er ist so betrunken, dass er mich in der Dunkelheit mit Gerdi verwechselt, und diese liegt neben mir und erwacht im nächsten*

Augenblick. Was soll ich bloß tun?
Ich sah ihn genauer an und schlagartig war klar, sein Handeln galt mir. Keine Verwechslung! Er meinte tatsächlich mich.
Ich versuchte, mich aus seiner Umklammerung zu lösen und zischte ihn an:
„Lass mich los! Was tust du da!? Spinnst du!?"... Immer bedacht darauf, meine Stimme nicht laut werden zu lassen, um die anderen nicht zu wecken. Er hielt mich noch fester und seine Lippen bewegten sich an mein Ohr.
„Ich liebe dich schon seit Tagen! Hast du das nicht bemerkt!? Warum stößt du mich von dir, und warum küsst du diesen verfluchten Nikos!?"
Ich nahm alle Kraft zusammen... ein kräftiger Ruck, und ich war frei.
„Bist du betrunken oder völlig verrückt!?"
Mit diesen Worten stieß ich ihn weg. Er ließ mich los und sah mich an, als hätte ich ihn geschlagen.
„Warum glaubst du mir nicht?", fragte er noch, erhob sich und schickte sich an, die Bar zu verlassen. Kurz vor der Theke hielt er an, drehte sich zu mir... Sein Anblick schnitt mir ins Herz. Sekunden später wandte er sich ab und ging in sein Zimmer.
Ich atmete tief durch, strich durch mein Haar.
War dieser Blick echt oder spielte er Theater? Wenn, war er ein begnadeter Schauspieler. Vorsichtig sah ich mich um, ob einer meiner Freunde erwacht war. Aber ich konnte nichts erkennen. Außer

bei Gerdi, denn ich hörte sie nicht atmen. Schlief sie noch? Ich war nicht sicher. Vorsichtig sah ich zur Tür, durch die Antonis verschwunden war. Aber es rührte sich nichts mehr.

„Hoffentlich bleibt er dort", dachte ich, bevor auch ich wieder einschlief.

Ich hörte ein Klappern. Jemand hantierte mit Geschirr. Vorsichtig öffnete ich die Augen. Es war Antonis, der sich an der Kaffeemaschine zu schaffen machte. Ich schaute neben mich. Meine Freunde schliefen noch.

„Augen zu", dachte ich im nächsten Moment, denn wenn ich mich bemerkbar machen würde, müsste ich aufstehen und wäre mit Antonis alleine. Alles, nur das nicht... und stellte mich schlafend.

Nach einer Weile erwachten die anderen. Ich erhob mich ebenfalls, sortierte meine Kleider, strich durchs Haar. Schon wandte sich Antonis uns zu. Er sah mich an und ich wusste, wir dachten in diesem Augenblick dasselbe... nämlich an vergangene Nacht.

Sekundenlang hielt ich seinem Blick stand, dann nahm ich die Decke, faltete sie und gab sie ihm zurück.

„Möchtest du Kaffee?", fragte er. Ich bejahte.

Wenig später verließen wir das Lokal. Antonis begleitete uns bis zum Hotel. Kein Wort und kein Blick erinnerten mich an seine Liebesschwüre von vergangener Nacht, und so schrieb ich diesen Vorfall dem griechischen Wein zu.

Es war fast Mittag – wir saßen im Frühstücksraum unserer Pension, als Yorgi auftauchte. Da dieser nur Englisch sprach und Gerdis Englisch sehr schlecht war, bat er mich, für ihn zu übersetzen. Er hatte sich Hals über Kopf in meine Freundin verliebt und wollte, dass sie es wusste. Eine Überraschung war das nicht. Mich überraschte nur, wie er sich offenbarte.

„Sag ihm, ich mag ihn sehr gerne, aber ich liebe Antonis", bat mich Gerdi. Yorgi ließ sich nicht überzeugen.

„Antonis ist zu alt für dich", beschwor er sie. Na ja, Antonis war knapp 30, Gerdi 20. So alt war das auch wieder nicht.

Ich vermutete, dass Yorgi vergangene Nacht beobachtet hatte, was zwischen Antonis und mir passiert war und nun dachte, dass er seinem Chef gegenüber, keinerlei Rücksicht mehr zu nehmen bräuchte.

Das war ein Fiasko. Yorgi liebte Gerdi, Gerdi liebte Antonis, Antonis liebte mich, und ich liebte Nikos. Da standen uns turbulente Tage bevor...

Nach langem Hin und Her und Einmischung von allen Seiten, beruhigte sich Yorgi. Er setzte auf Zeit. Als kurz darauf Antonis die Bar betrat, war die Aufregung bereits vorbei.

An diesem Abend war ich mit Nikos verabredet. Wir wollten uns den neuen Club ansehen, der vor kurzem eröffnet hatte… in Balis.

„Diese Einladung gilt aber nur für dich. Ich möchte mit dir allein sein. Ich hoffe, du willst das auch?“, hatte er mich gefragt.

Im Grunde genommen wäre ich lieber in die Bouzouki Bar gegangen. Schon deswegen, weil ich mir nicht sicher war, ob ich tatsächlich die Nacht mit Nikos verbringen wollte. Andererseits müsste ich mich, wenn ich Nikos' Einladung annahm, nicht mit Antonis auseinandersetzen.

Dieser hatte heute Morgen etwas zu schnell aufgegeben. Als ich aufgestanden war, hatte mich sein Blick fast durchbohrt und Sekunden später tat er, als wäre nichts geschehen. Ein untrügliches Gefühl beschlich mich, nämlich, dass dies noch nicht alles gewesen sein könnte. Und da ich Nikos sehr gerne mochte und er mir außerordentlich gut gefiel, entschloss ich mich, seine Einladung anzunehmen. Vielleicht hörte Antonis dann auf, mir nachzustellen.

Ich erschrak. Jemand hielt mich fest und rüttelte mich. Es war Max.

Ich lag auf meinem Bett und war eingenickt. Es war fast 23 Uhr. Um 22 Uhr wäre ich mit Nikos verabredet gewesen. Dieser hatte mich überall gesucht, und so war Max auf die Idee gekommen, im Zimmer nachzusehen.

Wir waren nun eine Woche hier, und in dieser Zeit hatte ich nicht einmal zwölf Stunden geschlafen. Da dies meine erste gemeinsame Nacht mit Nikos werden sollte, hatte ich mich hingelegt, um etwas auszuruhen.

Mein kretischer Freund war daraufhin in die Bouzouki Bar gegangen, um mich zu suchen.

„Bist du eingeschlafen?“, fragte er mich, als wir uns Minuten später gegenüberstanden.

„Ja! Bin ich! Diese Insel schafft mich. Das waren anstrengende Tage“, schmunzelte ich.

Eine Stunde später tanzten wir in dieser neuen Bar. Es war toll und sehr romantisch. Wir saßen in tiefen Clubsesseln, hielten uns an den Händen und küssten uns.

„Bleib heute Nacht bei mir“, flüsterte er mir zu.

Nikos war ein sehr zärtlicher, aber auch leidenschaftlicher Liebhaber und unsere Nacht verlief wundervoll.

Als ich ihn am Morgen zu seinem Shop begleitete, waren sämtliche unbehaglichen Gedanken an Antonis verschwunden.

Mein Freund und ich waren zusammen aufgewacht, als uns die Sonnenstrahlen kitzelten. Nein, eigentlich hatte er mich wachgeküsst. Nicht so ungestüm wie Antonis, sondern zärtlich und liebevoll.

Doch nun waren wir bei seinem Geschäft angelangt. Daneben befand sich ein Kaffeehaus, und

Maria, die Besitzerin, stand davor. Nikos hatte mir bereits von ihr erzählt. Sie schien sehr nett zu sein, und wenig später saßen wir alle drei beim Frühstück und plauderten, solange, bis sich die Straße belebte und die ersten Kunden den Shop betraten. Ich fand, dass es Zeit wurde, mich zu verabschieden.

„Ich fahre mit dem nächsten Bus nach Hause", verkündete ich daher. Doch davon wollte Nikos nichts hören.

„Mein Freund Kostas hat ein Taxi. Er fährt dich gerne ins Hotel."

Ich hielt dies nicht für nötig, da die Bushaltestelle gegenüber vom Café lag. Aber das kam für Nikos nicht in Frage.

Wiederum wurde mir der große Unterschied in der Mentalität unserer beiden Länder bewusst. Es wäre Nikos nie in den Sinn gekommen, nicht die ganze Nacht mit mir zu verbringen – oder mich mit dem Bus nach Hause fahren zu lassen. Was bei uns schon selbstverständlich geworden war, war auf Kreta undenkbar.

Auch waren und sind die Kreter sehr hilfsbereit, ein Freund ist schnell zur Stelle und fährt die Freundin heim. Dort hilft jeder, jedem, zu allen Zeiten. Er telefonierte nur kurz, und schon wenige Minuten später kam das Taxi. Als sich die Autotür öffnete, war ich absolut perplex. Der Fahrer, der diesem Wagen entstieg, haute mich buchstäblich um. Ich habe in meinem ganzen Leben noch nie einen so schönen

Mann gesehen, wie diesen Kostas… bis zum heutigen Tag nicht.

Mittelgroß, schlank, braungebrannt; und sein Haar, welches er bis zum Nacken trug, war genauso schwarz wie seine Augen. Er sah aus, wie ein edler Indianerhäuptling, und er hätte Winnetou Konkurrenz gemacht. Aber augenscheinlich wusste er um seine blendende Erscheinung. Er war nicht eingebildet, aber ihm fehlte dieses natürliche und ungezwungene Verhalten, das den Charme der Kreter ausmachte.

Freundlich lächelnd nahm er Platz, frühstückte in aller Gemütlichkeit – auf Kreta hat niemand Eile – und nach einer Stunde brachen wir auf. Nikos und ich verabredeten uns erst wieder für den nächsten Tag. Mein Grieche wohnte bei seiner Familie und seine Eltern waren bereits sehr verärgert, weil er so selten nach Hause kam. Auch Maria nahm mir das Versprechen ab, sie bald zu besuchen.

In Pasormalos angekommen, begleitete mich Kostas bis ins Hotel. Meine Freunde staunten nicht schlecht, als ich mit diesem Adonis angerückt kam. Antonis war auch schon da und die beiden kannten sich natürlich. Es war eigenartig, unseren kretischen Freund um diese Zeit im Hotel vorzufinden. Das war noch nie vorgekommen. Gewöhnlich kam er erst gegen Mittag. Aber wahrscheinlich wollte er nachsehen, ob ich schon zu Hause war. Ich bemerkte, dass er mich unentwegt ansah, und als unsere Blicke sich kreuzten, versuchte er, den Meinigen festzuhalten... ich jedoch, wich ihm aus.

Nach dem Frühstück, und nachdem Kostas sich verabschiedet hatte, brachen wir auf. Wir wollten ins Landesinnere fahren. Antonis hatte uns das beste Stifado der Insel versprochen.

Für all jene, die in der griechischen Küche nicht bewandert sind: Ein Stifado ist eine Art Gulasch mit ganzen Zwiebeln, aus Esel-, Rind- oder Kaninchenfleisch. Sehr geschmackvoll und sehr raffiniert zubereitet, und um Klassen besser, als wir es gewohnt sind.

Antonis fuhr Richtung Agios Nikolaos. Nach einer Weile passierten wir eine Stelle, an der man nicht nur weit ins Land, sondern auch weit übers Meer blicken konnte. Wir waren überrascht. Entlang der Küste war die Vegetation bereits völlig verdorrt, doch hier grünte und blühte es an allen Ecken und Enden. Es war atemberaubend schön. Das Gasthaus, in welches wir wenig später einkehrten, wurde von einem alten Ehepaar geführt, und das Stifado war wirklich so, wie es Antonis versprochen hatte. Ich habe selten besser gegessen als hier, auf diesem einsamen Hochplateau.

Am späten Nachmittag machten wir uns wieder auf den Weg. Antonis hatte mich einige Male etwas eigenartig angesehen, hielt sich aber an Gerdi. Die beiden neckten sich fortwährend. Gerdi war im siebenten Himmel. Mir jedoch schien es, als ob er mich provozieren wollte, um mich eifersüchtig zu machen.

Es war Mitternacht geworden. Antonis bat mich um den nächsten Tanz. *So, nun kommt's*, dachte ich. Er hatte den ganzen Abend kein Wort über Nikos verloren, auch nicht darüber, wo ich vergangene Nacht wohl gewesen sein könnte. Jetzt, um diese Uhrzeit war er sicher, dass mein Freund nicht mehr auftauchen würde, also wagte er den Vorstoß.

„Nikos verbringt den Abend mit seiner Familie. Seine Mutter ist bereits böse, weil er so wenig zu Hause ist", erklärte ich sein Fernbleiben.

„Wenn du ihn nächtelang in Beschlag nimmst, wundert mich das nicht", entgegnete er zynisch. Ich lächelte, antwortete aber nicht. Im nächsten Augenblick drückte er mich fest an sich und ich dachte schon, er wolle mich küssen. Gerdi konnte uns zum Glück nicht sehen, aber Yorgi hatte es bemerkt. Ich sah zu Yorgi und wusste, was er dachte.

„Antonis! Bitte lass das sein! Ich will nicht, dass Gerdi sieht, was du tust. Sie ist meine beste Freundin!"

„Aber ich habe mich in dich verliebt! Vom ersten Augenblick an, als ich dich sah", gab er trotzig zur Antwort. „Du läufst nur hinter diesem Nikos her. Was willst du von dem!? Der passt doch gar nicht zu dir! Der hat Ansichten aus dem vorigen Jahrhundert!" Seine Augen funkelten vor Zorn und wurden ganz schwarz.

Nikos' Lebenseinstellung war konservativer als die von Antonis, das sah ich wohl. Aber ich war weder mit ihm verheiratet, noch hatten wir eine feste Beziehung. Es war eine Urlaubsliebe, und wir würden uns nach diesen beiden Wochen wahrscheinlich nie mehr wiedersehen. Ich konnte mich nicht über ihn beschweren, denn er war rücksichtsvoll und aufmerksam.

„Ich laufe nicht hinter Nikos her! Das ist doch wohl eher umgekehrt", echauffierte ich mich. „Antonis, du läufst hinter mir her! Ich dachte, wir hätten das vorgestern geklärt! Was sollte dein Verhalten am Nachmittag!? Du flirtest auf *Teufel komm raus* mit Gerdi und nun das! Ich will ihr nicht wehtun. Ich liebe dich nicht... und...", ich holte tief Luft. „Ich habe dich sehr gerne, als einen Freund, aber mehr ist da nicht." Meine Stimme war wieder sanfter geworden.

Antonis antwortete nicht, lockerte seine Umarmung und wir tanzten zu Ende.

„So schnell gebe ich nicht auf", versprach er, brachte mich zum Tisch, ging zu Gerdi und gab ihr einen Kuss aufs Haar.

„Ich komme gleich wieder und dann möchte ich mit dir tanzen." Meine Freundin strahlte.

„Hattest du Probleme mit Antonis?", fragte Max wenig später. Ich bejahte und erzählte ihm die ganze Geschichte... von Beginn weg.

„Ich habe euch vorgestern gehört... nachts... auf

der Tanzfläche“, erwiderte Max. „Mann, der ist aber rangegangen“, grinste er. Nun schmunzelte ich ebenfalls.

„Das kann man wohl sagen. Ich dachte, mich trifft der Schlag, als ich meine Augen öffnete und Antonis über mir sah. Zuerst dachte ich…“, lachend hielt ich inne.

„Was dachtest du?“ Max war neugierig geworden.

„Ich dachte…, ich dachte…“, ich bog mich vor Lachen.

„Was denn?“ Max wurde ungeduldig.

„Ich dachte, du wärst es“, antwortete ich glucksend.

Max grinste zweideutig. „Ich bin gleich eingeschlafen, hatte doch ganz schön getankt. Die Bacardi Cola waren zu viel… leider! Aber… vielleicht beim nächsten Mal“, meinte er augenzwinkernd. „Hätte mir schon gefallen.“

„Spinner!“, konterte ich. „Komm du mir vielleicht auch noch daher!“

„Soll ich mit Antonis reden? Von Mann zu Mann?“ Max war wieder ernst geworden.

„Ich weiß nicht. Ich glaube, das muss ich selbst regeln. Lass nur, ich mach das schon. Vielleicht hört er ganz von selbst wieder auf.“

Max sah mich zweifelnd an. „Meinst du?“ Ich zuckte die Schulter… etwas ratlos.

Wenig später merkte niemand, was zwischen Antonis und mir vorgefallen war. Der Kreter war wie immer… lustig und gesellig. Nur Yorgi war stiller geworden. Es war zwei Uhr und er hatte bereits frei. Sein Chef machte heute die Abrechnung. Im Hinterzimmer stand alles bereit für unsere kleine Privatfeier, und es wurde nur mehr gewartet, bis die Polizei die Sperrstunde verkündete.

Später, als das Lokal geschlossen war, hatte es Antonis so eingerichtet, dass er zwischen mir und Gerdi saß. Ich konnte es nicht verhindern und ich ärgerte mich, dass es mir dennoch schmeichelte, dass er so verrückt nach mir war.

Die Nacht verlief lustig und feuchtfröhlich. Antonis berührte ein paarmal wie unabsichtlich meine Hand, aber das war es auch schon.

Irgendwann ging ich in den Hinterhof zur Toilette und als ich rauskam, stand *er* vor mir, stellte sich mir in den Weg, fasste mich um die Taille, zog mich an sich und küsste mich, dass mir die Luft wegblieb. Bevor ich mich versah, hatte er mich schon wieder losgelassen.

„Ich liebe dich sehr, und ich werde dich nicht diesem Nikos überlassen!“, … sprach es, drehte sich um und verschwand in der Disco.

„So ein Sprücheklopfer!“, dachte ich grinsend, über diesen Auftritt mit dem bühnenreifen Abgang. Diese Südeuropäer waren doch alle gleich. Aber wahrscheinlich faszinierte mich genau diese Eigenschaft.

Nach einigen Minuten frischer Luft…, ganz spurlos

war dieser Kuss nicht an mir vorübergegangen, betrat ich die Bar. Keiner merkte, dass ich weg gewesen und Antonis mir gefolgt war. Außer Yorgi, dessen Blick sich fragend an mich richtete. Ich setzte mich zu ihm.

„Du hattest recht. Ich glaube auch, dass Gerdi viel besser zu dir passen würde, als zu Antonis“, bemerkte ich.

Er lachte mich an und legte seinen Arm um meine Schulter.

„Ach Marie, ich habe dich wirklich sehr gerne. Warum habe ich mich nicht in dich verliebt?“

Besuch bei Antonis' Freunden

Wir hatten beschlossen, uns die Lassithi Hochebene anzusehen. Antonis meinte, dass man als Kreta-Reisender dort gewesen sein musste. Yorgi wollte nicht mitkommen, und so war ein Platz im Auto freigeworden. Eva hatte Antonis gefragt, ob sie mit uns fahren dürfte und dieser hatte zugestimmt.

„Wir werden einen Zwischenstopp bei einem Freund einlegen", meinte unser Kreter. „Er hat ein Gasthaus und kennt mein Auto. Wenn er mich vorbeifahren sieht, ist er beleidigt. Ich verspreche ihm schon so lange, dass ich komme."

Keiner hatte etwas dagegen, und so machten wir Halt bei den Wirtsleuten, die eine halbe Fahrstunde von Pasormalos entfernt wohnten.

Es war ein kleines Dorf, dessen einziges Lokal am linken Straßenrand lag. Ein großes altes Haus mit riesigem Gastgarten, in dem jede Menge alter Bäume standen und viele bunte Blumen blühten.

Kaum hatte der Wirt Antonis erkannt, lief er auf uns zu. Die Freude war groß. Seine Frau war Minuten später in der Küche verschwunden, um ihren Gästen die berühmten kretischen Häppchen, Meze genannt, aufzutischen. Mit einer riesigen Käseplatte und allerlei Leckerem kam sie wenig später wieder. Der Wirt servierte uns Wein, Raki und natürlich genug Wasser. Es war heiß und wir wollten nüchtern bleiben.

Noch während des Essens schaltete Eva unseren Kassetten-Rekorder ein, aus dem Sirtaki Musik erklang. Max und ich erhoben uns und begannen zu tanzen... Alexis Zorbas, unseren Lieblings-Sirtaki. Es schien, als hätten wir damit die Herzen der Kreter erobert, denn plötzlich hatten wir jede Menge Freunde im Lokal.

„Antonis, denkst du, dass wir heute noch die Lassithi Hochebene sehen werden?“, fragte ich den Kreter.

„Ach Marie“, lachte dieser und drückte mich an sich. Nun ja, das war wohl die Antwort auf meine Frage.

Der Nachbar kam. Ein alter Mann mit 90 Jahren, den wir maximal auf 70 Lenze schätzten. Er hatte unser Lachen bis zu seinem Haus vernommen und wollte wissen, was in der Dorfkneipe los war. Er war äußerst nett und so kam es, dass er uns für nächsten Tag zu sich nach Hause einlud. Er wollte eine Ziege schlachten und diese am Spieß grillen, und so war endgültig klar, dass wir diese nette Taverne nicht so bald verlassen würden. Antonis telefonierte mit Yorgi, damit dieser die Disco aufsperrte.

Was ich noch erwähnen möchte, ist: Als ich im Laufe des Nachmittags das stille Örtchen aufsuchen wollte, kam ich beim Kücheneingang vorbei. Über diesem befand sich eine Laube, und darauf hingen die größten Trauben, die ich jemals gesehen hatte... pflückreif. Staunend blieb ich stehen und betrachtete diese Köstlichkeit. Auf einmal stand Antonis neben mir.

„Möchtest du?“, fragte er und zeigte auf die Weintrauben. Ich nickte begeistert. Er deutete in die Küche, deren Tür offen stand.

„Geh hinein. In einer der Schubladen findest du bestimmt ein Messer, dass scharf genug ist, um die Reben abzuschneiden.“ Ich sah ihn verwundert an.

„Ich kann doch keine fremde Küche betreten und in den Schubladen rumwühlen“, entgegnete ich verdutzt. Er wollte mich wohl auf den Arm nehmen.

„Warum denn nicht?“, entgegnete er.

„Weil sich das nicht gehört“, antwortete ich. Antonis sah mich kurz an, dann lachte er.

„Marie, du bist in Griechenland, nicht in Österreich!“, ... und gleich darauf: „Nun geh schon!“

In dem Moment kam der Wirt. Offensichtlich klärte Antonis ihn über meine Befangenheit auf, da beide herzlich lachten, worauf der Tavernen-Besitzer meinen Arm ergriff, mich in die Küche geleitete, eine Schublade öffnete und mir ein großes Messer in die Hand drückte. Dann deutete er auf die Weintrauben und auf meine Freunde. Ich sollte mir nehmen was ich wollte, und auf die Anderen nicht vergessen.

„Erklär ihm, dass man in Österreich so etwas nicht tut“, bat ich Antonis. „Er denkt sonst, ich wäre eine dumme Gans, die nicht in der Lage ist, ein Messer zu holen.“

Anscheinend hatte es Antonis wieder einmal ganz genau mit der Übersetzung genommen, denn der Wirt lachte daraufhin Tränen, und Antonis unterhielt mit diesem Spaß noch minutenlang die gesamte griechische Gesellschaft.

In der Bouzouki Bar war die Hölle los, als wir kurz vor Mitternacht eintrafen. Nikos war längst da und Yorgi hatte ihn vertröstet. Um ihm eine Freude zu bereiten, lud ich ihn zum morgigen Grillfest ein. In der Zwischenzeit hatte ich schon kretische Angewohnheiten angenommen und wusste, dass man auch als Gast seine Freunde mitbringen konnte. Antonis machte sich gleich daran, eine Aushilfe zu suchen, die ihn in dieser Nacht vertreten würde. Yorgi konnte dies unmöglich alleine schaffen.

Nachdem er alles erledigt hatte, kam er zu uns an den Tisch und die Party, die nur durch die Heimfahrt unterbrochen wurde, ging weiter. Er war so richtig in seinem Element, und das war wohl *der* Tag, der uns so richtig zusammenschweißte. Als wir gegen vier Uhr früh aufbrachen, hatten wir sämtliche leere Flaschen eingepackt, die wir in den Gastgärten von Antonis' Freunden auf die Tische stellten. Anschließend hinterließen wir in den Aschenbechern die Zigarettenstummeln, welche wir zu Hauf aus den Mülleimern der Bouzouki Bar gefischt hatten. Wir wollten den Anschein erwecken, als ob hier eine Party gefeiert worden wäre.

Die Idee zu diesem Streich kam natürlich von Antonis, dem seine eigene Verrücktheit wohl den größten Spaß bereitete. So bekam er seinen Müll los, und uns konnte er herumscheuchen wie Hühner, als wir sein Lokal aufräumten. Er selbst tat natürlich keinen Handgriff, sondern stand hinter der Theke und lachte sich schief.

Im Nachhinein betrachtet, kann man wohl zu der Auffassung gelangen, dass Antonis sich im Laufe dieser beiden Wochen immer mehr auf unsere Altersstufe zurückentwickelt hat. Es bereitete ihm höllischen Spaß, irgendjemand eins auszuwischen. Nichts Böses natürlich, und auch in diesem Fall konnte er es kaum mehr erwarten, die Kommentare der verdutzten Strandtavernen-Besitzer zu hören, wenn sie diesen „Schweinestall", den wir angerichtet hatten, am nächsten Morgen zu Gesicht bekämen.

Anschließend liefen wir ineinander eingehackt durch die nächtlichen Gassen von Pasormalos, lachten und grölten so laut, dass man uns wahrscheinlich meilenweit hören konnte. Auch im Hotel dürften wir uns ähnlich verhalten haben, denn am nächsten Tag glaubten alle Gäste, es wären wiederum die Engländer gewesen, die am Morgen betrunken nach Hause gekommen wären. Wir beließen sie in diesem Glauben und bestätigten es auch noch.

Der Ruf der Briten hatte wohl damals schon einige Kratzer, und wir dachten, dass es auf ein paar mehr oder weniger nicht ankommen würde.

Am späten Nachmittag fuhren wir mit Antonis in dieses Dorf. Der alte Mann, er hieß Aris, wenn ich mich noch recht entsinne, hatte eine Feuerstelle in seinem Garten gemacht, neben der eine Ziege brutzelte. Auf Kreta wird die Glut nicht unter, sondern neben dem Fleisch aufgestellt. So kann kein Fett tropfen und es raucht nicht.

Eva wurde eingeteilt, am Spieß zu drehen. Gerdi und ich trugen die Salate aus der Küche. Zwölf Stück an der Zahl. Unser Gastgeber rechnete anscheinend mit regem Zulauf bei seiner Fete. Stolz erzählte er uns, dass er sämtliche Arbeiten im Haus alleine machen würde.

Das war allerhand. Das Haus war in einem Top Zustand und so sauber, dass man vom Boden hätte essen können - und der Garten war eine Augenweide. Alles voller Blumen und sehr geschmackvoll angelegt.
Wenn ich da an meine Wohnung denke - wie es da manchmal aussieht? Auweia!

Aris, wer kann es ihm verdenken – er war bereits 90 Jahre alt, wie ich anfangs erwähnte – sah schon etwas schlecht; und da er bereits lange Zeit Witwer war, hatte er ein Auge auf Max geworfen.

Nein! Nicht dass noch jemand etwas Verkehrtes vermuten würde. Max sah ja nicht unbedingt sehr maskulin aus, eher feminin, würde ich sagen. Außerdem hatte er Kurven, was dem lieben Aris wohl gefiel.

Antonis hatte wieder einmal geplaudert, nämlich, dass der Gastgeber uns Mädchen zu dünn fand. Er mochte uns, aber wir waren nicht nach seinem Geschmack. Bei Max war das etwas anderes. Das Ganze hatte nur *einen* Haken. Max war keine Frau, aber das wusste Aris zu diesem Zeitpunkt noch nicht.

Sie wissen schon, liebe Leser, es war sein schwaches Augenlicht... und Antonis gab sich keine Mühe, den Irrtum aufzuklären. Im Gegenteil, er gratulierte dem alten Mann zu seinem ausgezeichneten Geschmack – auf Griechisch natürlich, damit er selbst, lange genug seinen Spaß hatte, und wir, beziehungsweise Max, es so spät wie möglich merkten.

Ja, so war er, unser kretischer Freund, und nun können sich die meisten Leser vorstellen, warum dieser Urlaub immer unvergessen bleiben wird.

Nikos und Marie

Nikos kam kurz vor 23 Uhr auf unser Fest. Die geschlechtsspezifischen Irrtümer waren alle geklärt, allerdings waren wir in der Zwischenzeit, wie konnte es anders sein, wiederum etwas angeheitert. Nicht sehr viel. Bis auf eine einzelne Ausnahme, dessen Namen ich hier nicht nennen möchte.

Lange nach Mitternacht brachen wir auf. Ich fuhr mit Nikos nach Balis, die anderen mit Antonis nach Pasormalos.

Nikos und ich bezogen unser Apartment. Es gehörte einem Freund, der zurzeit in Athen lebte. Mein Kreter kümmerte sich um die Pflanzen und augenscheinlich auch um mich.

Mir war inzwischen alles so vertraut geworden, dass ich das Gefühl hatte, schon Monate hier zu leben und nicht erst eine Woche.

Aber nun war ich bei Nikos, in unserem Liebesnest. Wir traten hinaus auf die Loggia und küssten uns. Es war eine warme, sternenklare Nacht, und ich bereute es nicht, mit ihm gefahren zu sein.

Er war ein toller Lover und ich liebte es, in seinem kohlrabenschwarzen Haar zu wühlen. Seine dunkle Haut bildete einen reizvollen Kontrast zu Meiner. Der Blick seiner Augen, wie bei den meisten Kretern fast schwarz, faszinierte mich und ließ meine Knie weich werden.

„Ich lebe eindeutig im falschen Land“, dachte ich.

Zumindest was das Aussehen der Männer betrifft.

Während ich hier schreibe, reift in mir der Gedanke, wieder nach Kreta zu fliegen, und zwar noch in diesem Jahr. Ich möchte wissen, wie es heute auf der Insel aussieht, und will die Orte, an denen ich damals war, wieder besuchen. Schon der Gedanke daran gibt mir mächtigen Aufwind. Mein Herz klopft und ich frage mich, warum ich nicht schon früher daran gedacht habe. Aber wahrscheinlich wurde ich erst durchs Schreiben inspiriert. Jetzt, wo ich mich entschlossen habe, freue ich mich darauf.

Aber noch bin ich im Jahr 1979 und verbringe mit meinem griechischen Freund eine wundervolle Nacht. Als der Morgen graute, schliefen wir engumschlungen ein.

Viel Schlaf war uns nicht vergönnt, denn Nikos musste um halb acht Uhr aufstehen.

„Schlaf weiter, Liebling", sagte er zärtlich, als er sich anschickte, unser Bett zu verlassen.

„Nein, ich stehe besser mit dir auf, sonst schlafe ich bis Mittag", antwortete ich.

Wenig später machten wir uns auf den Weg. Kaum angekommen, besuchte ich die angrenzende Cafeteria, plauderte eine Weile mit Maria, bevor sie sich anschickte, mir Frühstück zuzubereiten.

Während mir die Sonne ins Gesicht schien und ich auf meinen Kaffee wartete, kam eine alte schwarzgekleidete Griechin die Straße entlang. Sie ging sehr schnell, sah zu mir her und verschwand im Shop meines Freundes. Beide standen im Eingangsbereich und so sah ich, wie sie erbost auf ihn einredete und dazwischen immer wieder zu mir hersah.

„Oh ... oh“, dachte ich. „Mami kommt und schimpft den Jungen aus, weil der Böse diese Nacht schon wieder nicht zu Hause war.“

Einige Minuten später lief sie hoch erregt aus dem Shop und rannte die Straße runter. Im Vorbeilaufen drohte sie noch mit dem Stock in meine Richtung. Nun war ich sicher, dass es seine Mutter gewesen war.

Na klar, diese alte Frau war entsetzt. Ihr Sohn machte mit einer Touristin rum und kam nächtelang nicht nach Hause. Die Urlauberinnen hatten allgemein einen sehr schlechten Ruf, und die griechischen Mütter sind sehr dominant, da kann es schon vorkommen, dass Zoff zu Hause herrscht.

Er konnte nicht oft daheim gewesen sein, da er entweder mit mir bei Antonis war, oder wir übernachteten in Balis, so wie letzte Nacht. Sie wohnte ganz bestimmt nicht in der Stadt, sondern in einem Bergdorf. In dem Ort, in dem Nikos auch lebte, wenn er nicht in unserem Apartment übernachtete.

Wir waren, wie ich noch schreiben werde, auch in seinem Dorf bei einem Fest. Nur habe ich leider vergessen wo es war und kann daher nur raten.

Zu diesem Zeitpunkt war es in ihrer Welt nicht

üblich, die Nächte mit einer Frau zu verbringen, die nicht die Ehefrau war. Verständlicherweise konnte sie damit nicht umgehen. In Balis hatten sich die Menschen daran gewöhnt, dass die Moralbegriffe sich gelockert hatten.

Ich hatte jedoch nicht den Eindruck, dass mein Grieche daran etwas ändern wollte, denn als er kurz darauf zu mir an den Tisch kam, tat er, als ob nichts geschehen wäre. Als ich ihn fragte, ob das seine Mutter gewesen sei, verneinte er. Seine Antwort kam jedoch so kurz und bündig, dass ich sicher war, dass er nicht die Wahrheit sagte. Ich bohrte aber nicht weiter, um ihn nicht in Verlegenheit zu bringen. Das war seine Angelegenheit, und die musste er selbst regeln.

Ich blieb diesmal bei Nikos und wartete bei ihm auf meine Freunde. Antonis wollte heute einen erneuten Versuch starten, um endlich zur Lassithi Hochebene zu gelangen.

„Morgen fahren wir einen anderen Weg“, hatte er lachend, noch in der Nacht beim Grillfest, verkündet. „Da gibt es kein Gasthaus, in dem wir wieder kleben bleiben könnten.“ Wir alle stimmten ein, weil es schon der dritte Versuch war, diese Hochebene zu erreichen.

Es war gegen elf Uhr als meine Freunde eintrafen. Nikos zündete eben eine Zigarette an, hauchte einen Kuss auf den Filter und steckte sie mir zwischen die Lippen. Dabei sah er mir tief in die Augen und setzte sein schelmisches Lächeln auf. Ich grinste zurück, mit einem ebenfalls tiefen Blick in seine schwarzen Augen. Dann erst begrüßten wir unsere Freunde. Ich sah noch den missbilligenden Blick, den Antonis mir zuwarf, und als ich ihn direkt ansah, schüttelte er leicht den Kopf.

„Hast du eine schöne Nacht verbracht?“, fragte er. Seine Stimme klang provokant. Gerdi war zu Maria gegangen, um Zigaretten zu kaufen und konnte seine Stichelei nicht hören.

„Sicher“, antwortete ich patzig.

Nikos schaute fragend von mir zu Antonis, und dieser gab meinem Freund wohl eine Erklärung, worauf Nikos nickte. Wäre interessant gewesen, was er ihm entgegnete. Jedenfalls nicht die Wahrheit. Soviel ist sicher.

Als Gerdi zurückkam, setzte sie sich auf Antonis’ Schoß. *War da etwas passiert, von dem ich nichts wusste?* Nun war ich es, die fragend schaute. Gerdi lächelte nur, und Antonis verzog keine Miene. *Da hat noch jemand eine romantische Nacht verbracht*, dachte ich. Aber ich gönnte es den Beiden.

Wir plauderten schon eine Weile, als Nikos sich plötzlich erhob und einem Kreter entgegenging, der auf unseren Tisch zusteuerte.

„Das ist mein Bruder“, sagte er, und machte uns alle mit ihm bekannt.

Zuerst die Mutter und dann der Bruder. Ich hatte den Eindruck, als würden diese beiden Besuche zusammenhängen. Nikos' Mutter war wahrscheinlich so aufgebracht gewesen, dass der andere Sohn nachsehen wollte, was da tatsächlich ablief, und wer ich sei.

Er setzte sich zu uns, blieb eine halbe Stunde und war offensichtlich sehr nett. Ich plauderte kurz mit ihm, wurde anscheinend besichtigt, auf Herz und Nieren geprüft, und glaube, keinen schlechten Eindruck gemacht zu haben.

Als Nikos' Bruder sich verabschiedete, brachen wir auch auf. Nun fuhren wir tatsächlich ohne Zwischenstopp zur Lassithi Hochebene.

Es waren damals noch hunderte bespannte Windmühlen, mit denen man Wasser aus den unterirdischen Speichern pumpte, vorhanden. Heute wird dies meines Wissens, nur mehr mit Diesel-Pumpen gemacht. Leider, denn diese Windmühlen waren nicht nur wunderschön anzusehen, sondern auch ein Wahrzeichen von Lassithi. Heute stehen oftmals nur mehr deren Skelette in der Gegend. Die Wahrscheinlichkeit, dass sich das jedoch wieder ändert ist hoch, da der Dieselpreis auf Kreta ein enormes Ausmaß erreicht hat.

Am frühen Nachmittag waren wir wieder zurück. Nikos hatte mich zu einem kretischen Dorffest eingeladen, welches am Abend stattfinden sollte. Ich freute mich, ihn zu begleiten. Er hatte vor, seinen Shop etwas früher zu schließen und mich vom Hotel abzuholen. In die Bouzouki Bar mochte er nicht kommen. Auf meine Frage, weswegen er mich nicht von dort abholen wollte, bekam ich bloß eine fadenscheinige Antwort. Mir schien, als hätte er eine Abneigung gegen Antonis entwickelt, denn auf einmal störte es ihn, wenn er sah, dass ich mich mit dem Kreter unterhielt.

Wahrscheinlich hatte Nikos bemerkt, dass Antonis sich für mich interessierte. Auch traute ich diesem Mann zu, dass er meinen Freund bewusst mit verdeckten Andeutungen ärgerte. Um keine Missstimmung aufkommen zu lassen, blieb ich im Hotel.

Nikos kam pünktlich auf die Minute und wir machten uns auf den Weg... fuhren durch die nächtliche Landschaft und passierten eine schmale Straße, die sich durch die Berge zog. Nach einer 30minütigen Autofahrt kamen wir in ein kleines Dorf. Der Festplatz war von riesigen Platanen umgeben und in der Mitte standen Tische und Bänke, die bereits voll besetzt waren. Es war ein typisch, ländliches Fest, genauso, wie man es auch bei uns findet. Nur das Essen war anders.

Wir steuerten einen Tisch an, an dem ein Paar saß. Nikos' Bruder und dessen Frau hatten uns schon erwartet. Ich weiß natürlich nicht, ob seine Mutter oder seine Eltern auch dort lebten. Zu sehen bekam ich sie nicht. Sie hätten auch niemals Kontakt zu mir aufgenommen.

Begeistert, dass wir zusammen in ihre

Dorfgemeinschaft kamen, schienen sein Bruder und seine Schwägerin auch nicht zu sein, aber sie waren höflich genug, um es sich nicht anmerken zu lassen.

Eine Frau kam des Öfteren zu uns an den Tisch. Sie war sehr freundlich, tätschelte mich andauernd und brachte mir allerlei Leckereien und ein Schultertuch, weil mir kalt geworden war. Zu dieser Zeit wusste ich noch nicht, dass Kreta zum größten Teil aus hohen Bergen besteht, auf denen es sehr kühl ist. Nikos hatte mich zwar vorgewarnt, aber diese Warnung schlug ich in den Wind. Meine Jacke lag sauber gefaltet im Schrank.

Ich weiß nicht, warum Nikos mich zu diesem Fest eingeladen hat. Vielleicht war es diese Einladung, die seine Mutter so heftig reagieren ließ. Entweder störte es sie generell, dass er eine Ausländerin in die Abgeschiedenheit des Dorfes mitbrachte, oder er hatte wirklich schon Zukunftspläne, die ihr nicht gefielen. Manche Kreter sind sehr schnell in ihren Entscheidungen und die Touristinnen haben nicht den allerbesten Ruf.

Sicher, ich hätte diese Einladung ausschlagen können, muss aber eingestehen, dass ich mit meinen 20 Jahren nicht weitergedacht habe. Für mich war es in Ordnung, wenn Nikos mich dabei haben wollte... ungeachtet des morgendlichen Auftrittes seiner Mutter. Auch hätte er, vermute ich jedenfalls, eine Absage nicht toleriert und wäre böse, oder zumindest enttäuscht gewesen. Insofern war es schon richtig, dass ich ihn begleitet habe.

Was mir erst viel später bewusst wurde, war die Tatsache, dass sich außer dieser netten Frau und einigen Freunden von Nikos, niemand um uns zu kümmern schien und wir völlig abgeschieden an einem Tisch saßen. Sie war die einzige, welche die Regeln der Gastfreundschaft wahrte und ich hatte das Gefühl, dass sie Mitleid mit uns hatte. Ein für mich damals absolut unübliches Verhalten der sonst so aufgeschlossenen Kreter. Entweder, so dachte ich, war dieses Dorf die Ausnahme, oder Nikos' Eltern lebten hier, und die Bevölkerung zeigte sich solidarisch mit ihnen.

Für letztere Annahme sprach auch, dass, als wir angekommen waren, mich Nikos seinem Bruder anvertraute und sich entschuldigte, weil er kurz mit jemand sprechen musste. Dieses kurze Gespräch dauerte dann doch eine halbe Stunde, und als er zurückkam war er ziemlich einsilbig. Auch hatte ich den Eindruck, dass er und sein Bruder über ein Problem sprachen. Der Bruder und dessen Frau sahen mich bei dieser Diskussion des Öfteren sehr eigenartig an. Ich merkte natürlich, dass sich ihre Unterhaltung auf mich bezog. Dieses Problem waren wahrscheinlich die Eltern, die sich unversöhnlich zeigten. Mit seinem Bruder hatte Nikos ein gutes Verhältnis, und dieser hielt auch gegen seine Überzeugung zu ihm und wollte uns eine Chance geben.

Wir blieben nicht allzu lange auf dem Fest und fuhren bald wieder nach Balis zurück. Dort angekommen, besuchten wir eine Taverne. Eine griechische Popgruppe gab ein Konzert und so wurde es doch noch ein schöner Abend. Was mir besonders gut gefallen hat, war, dass man Teller kaufen konnte, die man den Sängern zu Füssen warf. Sie tanzten barfuß auf den Scherben weiter.

Der Morgen graute, als wir in Pasormalos eintrafen. In meinem Zimmer angekommen, traute ich meinen Augen nicht. Max schlief friedlich in meinem Bett und daneben lag Gerdi. Ich rüttelte ihn wach.

„Was machst du hier!?“, fragte ich erstaunt.

„Gerdi hat es mir erlaubt. Wir dachten, du bleibst bei Nikos“, war Max’ schlaftrunkene Antwort.

„Wie du siehst, bin ich da. Warum schläfst du nicht in deinem Bett?“, wollte ich wissen.

„Lisa ist bei Gerry, die beiden wollen nicht gestört werden“, schmunzelte er.

Ollalla... Ich grinste vielsagend. „Dann leg dich doch in Lisas Bett!“, schlug ich vor.

Im Palmera standen die Betten weit auseinander, und in diesem Urlaub fand oft ein Bettentausch statt... wenn das eigene Bett belegt war. Man musste sich dann eben eine andere Schlafstätte suchen.

„Sonja hat die Tür zugesperrt und lässt mich nicht hinein“, jammerte Max. Ich schüttelte mich vor Lachen.

„Jedenfalls will ich jetzt schlafen! Ich bin

hundemüde!“, erklärte ich.

„Wo soll ich schlafen?“ Max sah zum Erbarmen aus. Ich konnte ihn doch nicht vor die Türe setzen.

„Schlafen kannst du hier. Nimm dir die Luftmatratze. Aber wenn du schnarchst, werfe ich dich raus!“

Max klemmte sich die Matratze unter den Arm und legte sich vorsorglich gleich auf den Balkon.

Der 20. Geburtstag

Am frühen Vormittag kam Antonis ins Hotel. Gerdi und ich hatten versprochen, seine Disco auf Vordermann zu bringen. Antonis' Zugehfrau hatte gekündigt und es war schwer für ihn, eine Neue zu finden. Ein kretischer Mann sah es nicht gerne, wenn seine Frau in einem Nachtlokal arbeitete. Auch dann nicht, wenn es am Tag und nur zum Putzen war.

Antonis hatte schon so viel für uns getan. Er war Freund, Reiseführer, bezahlte unser aller Mittagessen nebst Getränken; nach Discoschluss waren wir seine Gäste, und noch vieles mehr.

Und ja, er war auch bockig wie ein kretischer Esel. Denn, es war nicht so, dass wir seine Gastfreundschaft und Großzügigkeit ausgenützt hätten. Gegen solch einen Vorwurf möchte ich mich vehement wehren.

Eines Tages, wir hatten Antonis in der Disco geholfen, damit er einige Kabel verlegen konnte, wollten wir ihn zum Essen einladen. Seit geraumer Zeit hatten wir ein schlechtes Gewissen, denn egal wo wir waren, immer bezahlte Antonis die Rechnung. Gerdi, Max und ich hatten daher beschlossen, an diesem Tag die Bezahlung zu übernehmen... Mehr brauchten wir nicht!

Wir waren eben bei seinem Wagen angelangt, als ich ihm mitteilte, dass *er* heute unser Gast sei.

„Warum sagst du das!?“, fuhr er mich an.

Ich war so perplex, dass mir im ersten Moment nichts Besseres einfiel, als: „Weil du bis jetzt immer bezahlt hast."

Daraufhin legte er erst so richtig los, redete sämtliche Gegenargumente in Grund und Boden und schimpfte wie ein Rohrspatz. Als Max mit einem neuerlichen Einwand kam, unterbrach ich diesen.

„Lass ihn, wenn es ihm Spaß macht! Ich streite doch nicht wegen einer Rechnung!"

Anscheinend war genau das der Knopf, an dem man ihn abstellen konnte, denn kaum hatte ich das gesagt, grinste er und sprach:

„Na also, es geht doch. Warum musst du immer mit mir streiten?" Ich schüttelte den Kopf.

„Spinner", sagte ich noch, bevor ich die Autotür öffnete und einstieg.

Genau aus diesem Grund sah ich es als meine Pflicht an, ihm zu helfen, und Gerdi dachte genauso. Er war hoch erfreut und nahm das Angebot sofort an. So konnten wir uns erkenntlich zeigen, endlich.

Für Antonis war das eine Premiere. Zwei verrückte Urlauberinnen, die bei ihm putzten. Das passierte ihm gewiss nicht alle Tage.

In der Disco angekommen, lief er ständig um uns herum, fragte andauernd, ob wir etwas brauchten, und wollte uns alle paar Minuten zu trinken oder zu essen geben.

In meinem ganzen Leben habe ich nie wieder so gerne geputzt. Vielleicht lag es aber auch daran, dass sich nie jemand so darüber gefreut hat, wie Antonis.

Gegen 14 Uhr waren wir fertig. In einer nahegelegenen Pizzeria aßen wir „Greek Salad“ und Spaghetti.

„Gerdi, iss den Salat vor den Spaghetti. Das füllt den Magen. Du wirst sonst zu dick“, scherzte Antonis, als wir uns alle, außer Gerdi, begierig über den Salat hermachten. Fröhliches Gelächter war die Antwort.

„Marie, wo willst du deinen Geburtstag feiern?“, fragte mich Antonis und lud sich zum zweiten Mal eine Portion Spaghetti auf seinen Teller.

„Ich würde mich freuen, wenn ich euch alle in die Bouzouki Bar einladen dürfte“, hakte er nach. Ich war platt.

„Woher weißt du, dass ich Geburtstag habe?“ Er grinste. „Das haben mir die Heinzelmännchen erzählt.“

„Heißen diese Heinzelmännchen zufällig Max und Gerdi?“, schmunzelte ich.

Antonis sagte nichts darauf, lächelte und zuckte die Schulter.

Ein „runder“ Geburtstag stand bevor. Ich wurde 20 Jahre alt; und nachdem nun feststand, dass am darauffolgenden Abend eine Party lief, wollte ich Nikos Bescheid sagen und ihn einladen. Zwar wusste ich nicht, ob Antonis damit einverstanden sein würde, aber nachdem Nikos mein Freund war,

musste unser Gastgeber damit rechnen, dass ich ihn dabei haben wollte.
„Wahrscheinlich wird es ihm einerlei sein“, erklärte ich Max, als dieser mich fragte, ob Nikos auch auf Antonis’ Gästeliste stand.
Antonis hatte seit dem Kuss im Hinterhof keinen Versuch mehr unternommen, mir näherzukommen. Momentan hielt er sich an Gerdi, und die war glücklich darüber. Nur Yorgi hatte das Nachsehen.

In der Bouzouki-Bar war tolle Stimmung. Die Disco war ein In-Lokal und sehr beliebt; bei den Touristen ebenso, wie den Kretern.
Es war knapp vor Mitternacht, als Nikos das Lokal betrat. Er, Kostas und ein Freund gesellten sich zu uns an den Tisch. Mein Kreter küsste mich und überreichte mir ein Päckchen.
„Happy Birthday!“, gratulierte er mir liebevoll.
Überrascht blickte ich zu ihm hoch. „Mein Geburtstag ist erst morgen“, antwortete ich.
Nikos sah auf die Uhr. „Okay, I‘ll wait until tomorrow!” Er lächelte verschmitzt, denn es war zehn Minuten vor Mitternacht. Alle lachten.
„Du bist zu früh, Nikos“, bemerkte Max.
Dieser zuckte die Schulter. „Nein, eher zu spät. Ich wollte früher kommen, aber es war keine Gelegenheit. Kostas hatte einen Fahrgast, und so musste ich warten.“
„Aber nun bist du da“, freute ich mich. „Woher

wusstest du, dass ich Geburtstag habe?"

Nikos lächelte und sah zu Max.

Oh! Max hatte offensichtlich jedem in Pasormalos und Umgebung davon erzählt.

Während wir fröhlich plauderten, wurde es Mitternacht. Wie auf Kommando erhoben sich alle.

Happy Birthday To You, klang es laut durch den Raum.

Nikos überreichte mir sein Geschenk nun zum zweiten Mal. Zärtlich nahm er mein Gesicht in beide Hände und küsste mich.

„Ach, muss Liebe schön sein!" Diese Bemerkung kam natürlich von Max, der uns grinsend musterte.

Ungeduldig zerrte ich an dem Päckchen. Ich öffnete es und staunte. Es war jene Kette, die ich mir vor Tagen in seinem Shop angesehen hatte. Sie gefiel mir sehr, jedoch war sie am nächsten Tag nicht mehr da und ich glaubte, er hätte sie verkauft. Freudig umarmte ich ihn. Er war schon ein richtiger Schatz, mein Grieche.

Auch Antonis kam wiederum an den Tisch, diesmal mit einer Flasche Champagner, die ganz verstaubt war, und die er vor uns noch einmal abwischte. Auch das Etikett schien alt zu sein. Er überreichte sie mir.

„Für dich!", sagte er. „Ich wollte sie dir erst morgen geben. Aber, man soll die Feste feiern, wie sie fallen."

Freudig bedankte ich mich und begutachtete ich das Etikett. Es war französischer Champagner aus dem Jahre 1946. Ich war überrascht.

„Antonis, der ist aber sehr alt und sicher wertvoll“, sagte ich.

Er nickte. „Ich habe die Flasche schon lange im Keller, und ich habe mir immer gedacht, dass ich sie zu einem besonderen Anlass öffne. Es war bisher nur keiner – bis heute.“

Ich war gerührt... und ich war auch froh, dass Nikos kein Deutsch verstand. Diese Worte hätten ihm nicht gefallen.

„Nun, dann hol Gläser. Wir werden das gute Stück gleich köpfen“, sagte ich und lächelte ihn an.

„Er ist aber für dich“, meinte Antonis.

„Ich möchte ihn mit euch trinken, zu meinem Geburtstag!“, erwiderte ich.

Unserem griechischen Freund schien das zu gefallen.

Alle stießen auf mich an. Max, Gerdi, Yorgi, Kostas, Antonis und Nikos. Der Champagner war ausgezeichnet. Meine Freunde gratulierten mir nochmals... Antonis wartete bis zum Schluss. Dann sah er zu Nikos, grinste, gab mir einen Kuss auf die Wange und rief nach Yorgi. Dieser ging daraufhin zur Stereoanlage und legte *Alexis Zorbas* auf den Plattenteller.

Antonis streckte mir seine Hand entgegen. Die Tanzfläche hatte sich geleert und die übrigen Gäste sahen alle zu unserem Tisch.

„Oh nein!“ Erschrocken blickte ich in die Runde.

Antonis lächelte. „Marie, du tanzt den Sirtaki so gut wie eine Griechin. Komm, tanz mit mir."

„Alle sehen uns zu", protestierte ich.

„Du hast nichts zu verbergen", meinte er.

Der Sirtaki ist ein Kunsttanz und jeder tanzt ihn etwas anders. Ich hatte ihn noch nie mit Antonis getanzt. Ich hatte diesen überhaupt noch nie Sirtaki tanzen gesehen.

Hoffentlich blamiere ich mich nicht, dachte ich und war ganz verunsichert. Aber meine Sorge war unbegründet. Antonis tanzte ihn ganz ausgezeichnet und ich konnte ihm mühelos folgen. Wir wurden alsbald, so wie üblich, mit lauten Rufen angefeuert, und sobald sich das Tempo zu steigern begann, kamen die ersten Teller geflogen. Antonis und ich schlüpften aus unseren Schuhen und tanzten den Sirtaki auf dem Scherbenberg weiter. Das sieht abenteuerlicher aus, als es tatsächlich ist, denn diese Scherben haben keine scharfen Kanten und man kann sich nicht verletzen.

Als der Tanz geendet hatte, hob er mich hoch und küsste mich vor aller Augen auf den Mund. Ich warf einen verstohlenen Blick zu Nikos. Aber dieser verzog keine Miene. Alle applaudierten und wir gingen zurück zum Tisch. Die Musik begann zu spielen und die Tanzfläche füllte sich.

Ich nahm neben Nikos Platz und sein Blick traf mich… fragend.

Also doch! Dieser Kuss, er war nur kurz gewesen, aber Nikos war er nicht einerlei. Ich beugte mich zu ihm.

„S'agapo", flüsterte ich, was so viel wie *Ich liebe dich* bedeutet.

„Are you sure?"

Ich nickte. „Yes, I am."

Nikos lachte, legte seinen Arm um meine Schultern und küsste mich heftig auf den Mund. Dabei sah er zu Antonis und blickte ihn herausfordernd an.

Männer… dachte ich schmunzelnd.

Antonis setzte sein Pokerface auf, nahm Gerdi an der Hand und zog sie zur Tanzfläche.

Max schaute amüsiert. „Revierkämpfe?"

„Scheint so", grinste ich. Auch Nikos schaute belustigt und ich war sicher, dass er genau wusste, wovon wir sprachen.

In der Zwischenzeit war klar geworden, dass Nikos und Antonis einen Konkurrenzkampf ausfochten. Ich hatte kein Problem damit, denn ich wusste, wohin ich gehörte. Was mich jedoch störte, war, dass sich Gerdi in der Schusslinie befand. Zwar ignorierte sie die Situation, aber ich wollte vermeiden, dass unsere Freundschaft darunter litt. Ich musste mit Antonis reden… bei Gelegenheit. Aber nicht heute. Es war meine Geburtstagsfeier, und ich wollte sie mir von den beiden Kampfhähnen nicht verderben lassen.

Wenig später tanzten auch Nikos und ich… zu

einem wunderschönen Liebeslied. Von Tränen und Abschied war die Rede.

Mit einem Mal wurde mir bewusst, dass unser Urlaub in fünf Tagen zu Ende war. Bis zu diesem Moment hatte ich die Situation erfolgreich verdrängt. Doch nun war sie da. Ich hatte Mühe, meine aufsteigenden Tränen zurückzudrängen. Nikos war dies nicht entgangen. Wange an Wange bewegten wir uns zum Rhythmus der Melodie, bis das Lied zu Ende war.

„Was ist mit euch Beiden los? Ihr seht aus, als ob jemand gestorben wäre." Max sah mich fragend an.

„Wir sprachen darüber, dass euer Urlaub bald zu Ende ist", antwortete Nikos.

Max war nachdenklich geworden. „Ja leider. Die Zeit ist schnell vergangen." ...und nach einigen Sekunden:

„Besuch uns doch. In drei Stunden bist du da. Marie würde sich freuen... und wir natürlich auch."

Nikos hatte bereits vor Tagen verlautbart, dass er im Winter zu mir nach Hause kommen wollte.

„Das haben wir bereits beschlossen", antwortete er deshalb, ... „und im nächsten Sommer sehen wir uns alle wieder auf Kreta." Er versuchte, euphorisch zu klingen.

„Wer hat Lust auf eine Runde Bouzouki?"

Antonis' Frage unterbrach unsere trüben Gedanken. Gut gelaunt begannen wir zu tanzen. Aus dem Lokal raus... die Straße runter... wieder rauf...

und rein in die Bar. Unsere trübe Stimmung war verflogen. Man schaffte es ohnehin nicht lange, auf dieser wunderbaren Insel traurig zu sein.

Kurz vor halb acht machten wir uns auf den Weg zu Maria. Wir hatten die Nacht durchgefeiert... im Hinterzimmer der Bouzouki Bar.

„Von wo kommt ihr her?“ Maria klang erstaunt, und als sie von Nikos erfuhr, dass ich Geburtstag hatte, verschwand sie in der Küche, um uns Minuten später mit einem Tablett griechischem Kaffee zu erfreuen.

Plötzlich sah ich Nikos’ Mutter die Straße hochkommen.

„Oh nein! Nicht *die* schon wieder!“, dachte ich. Doch diesmal war meine Sorge unbegründet. Sie ging im ruhigen Schritt an uns vorbei und mein Freund erhob sich und erwartete sie im Shop.

Da er diese Nacht nicht nach Hause gekommen war, schien es mir, als ob sie nach ihm sehen wollte. Offensichtlich froh darüber, dass wir eine Gruppe waren, zog sie nach wenigen Minuten wieder ab. Auch der Umstand, dass noch zwei Kreter bei uns am Tisch saßen, schien sie zu beruhigen. In der Zwischenzeit war ihr vielleicht auch bewusst geworden, dass wir keine Monster waren, sondern bloß Urlauber, die sich auf der Insel wohlfühlten.

Als wir Stunden später mit Antonis nach Pasormalos zurückfuhren, erzählte uns dieser, dass er am Wochenende zu einer Hochzeit geladen wäre. Ein Freund verheiratete sich mit einer Schwedin. Wir, als *seine* Freunde, wären dazu ebenfalls geladen. Neugierig und erfreut sagten wir zu.

Im Palmera angelangt, suchten Gerdi und ich unsere Zimmer auf, um in die Badeanzüge zu schlüpfen. Wir wollten an den Strand, um in den letzten Tagen doch noch etwas Sonne abzubekommen. Tatsächlich sahen wir sehr käsig aus, was unsere Hautfarbe betraf. Kein Wunder, denn hauptsächlich hielten wir uns bei Antonis im Auto oder in der Disco auf, und dort schien keine Sonne.

Antonis und Max gesellten sich erst am Nachmittag zu uns. Sie waren in Iraklion gewesen und hatten sich im Kaffeehaus verplaudert. Nun klärte uns unser kretischer Freund über den Ablauf einer landestypischen Hochzeit auf. Gespannt hörten wir zu. Max, der noch immer seinen Anzug vom Vorabend trug, setzte sich ebenfalls zu uns, war aber innerhalb weniger Minuten eingeschlafen. Sein Anblick erregte einiges Aufsehen, und die vorbeikommenden Menschen waren wohl sehr erstaunt. Ein schlafender Mann, im Anzug am Strand, hatte zu dieser Zeit Seltenheitswert. Heute würde sich niemand mehr dafür interessieren. Erst Stunden später weckten wir unsere Schlafmütze und machten uns auf den Weg ins Hotel.

Es beginnt zu knistern

Ausgeruht und voller Tatendrang marschierten wir drei Stunden später Richtung Bouzouki Bar. Alles war wie immer, die Disco voll und unsere Freunde waren auch hier. Eben hatten wir Platz genommen, als Antonis und Yorgi zu uns an den Tisch traten.

„Marie, ich freue mich, dass ihr da seid. Komm, lass uns deinen Geburtstag feiern", grinste Antonis.

„Was ist los mit dir? Du warst doch gestern nicht so betrunken, dass du vergessen hast, dass wir meinen Geburtstag schon gefeiert haben?", fragte ich frech.

„Das war die Feier, die Nikos organisiert hat. Heute bin ich dran. Wo ist er übrigens?"

Das war wiederum typisch. Antonis konnte sich seinen Zynismus noch immer nicht verkneifen, wenn es um meinen Freund ging. Ihm war wohl nicht klar, dass Nikos den ganzen Tag gearbeitet, und seinen Shop noch immer geöffnet hatte. Er musste todmüde sein, nach fast vierzig Stunden, die er nun auf den Beinen war.

Meine Geburtstagsfeier begann. Wir tanzten viel und Yorgi bemühte sich auffallend intensiv um Gerdi. Die Beiden steckten ständig zusammen und Antonis schien diesmal nichts dagegen zu haben. So blieb ihm mehr Zeit, die er hauptsächlich mit mir verbrachte. Seine Aushilfskraft war heute wieder hier, damit er und Yorgi mitfeiern konnten.

Antonis und ich tanzten gerade, als er mich überraschte.

„Marie, was gefällt dir so sehr an Nikos? Ich bemühe mich seit Tagen um dich, aber du weist mich immer wieder ab?" Seine Frage traf mich völlig unvorbereitet, denn er hatte den ganzen Abend kein Wort mehr über meinen Freund verloren.

„Antonis, du kannst es nicht lassen", antwortete ich... nur um Zeit zu gewinnen. Sein Blick war ernst, als er weitersprach.

„Ich habe mich wirklich in dich verliebt, und ich hatte so sehr gehofft, dass du deine Meinung änderst."

Er hielt mich fest im Arm. Wir tanzten sehr eng und konnten unser beider Atem spüren. Schauer liefen über meinen Rücken und ich versuchte, mich aus seiner Umklammerung zu befreien; sah zum Tisch, an dem ich Gerdi und Yorgi vermutete, aber ich konnte sie nirgends entdecken.

„Die beiden sind nach draußen gegangen!" Antonis war meinem Blick gefolgt.

Ich war sehr verliebt in Nikos; doch nun entstand dieses Knistern, das sich blitzartig ausbreitete... und Antonis fühlte es auch. Es hatte uns überrumpelt, und diese Spannung war nun übermächtig geworden. Schon waren seine Lippen an meinem Hals.

„Marie, bleib hier... auf Kreta!", flüsterte er erregt. „Wir werden ein schönes Leben führen, oder wir gehen irgendwo anders hin, meinetwegen auch in deine Heimat. Ich suche mir Arbeit oder kaufe ein eigenes Lokal. Ich habe etwas Geld gespart." Hastig waren diese Worte aus ihm herausgesprudelt.

Die Situation entglitt mir zunehmend. Was passierte da? Ich würde so gerne auf Kreta leben, aber nicht unter diesen Umständen. In Balis wohnte *der* Mann, den ich liebte, und ich tanzte hier mit Antonis und hörte mir seine verrückten Ideen an. Mit einem kräftigen Ruck machte ich mich frei.

„Antonis, was sagst du!? Du weißt nicht, wovon du redest! Ich kann nicht hier bleiben! Weder bei dir, noch sonst irgendwo. Wir kennen uns zehn Tage, und du weißt, dass ich Nikos liebe. Daran hat sich nichts geändert."

„Ich glaube dir nicht! Dein Körper spricht eine andere Sprache!" Er sah mich durchdringend an.

„Warum sträubst du dich so gegen mich!?", fragte er abermals; und wiederum begann er, mein Gesicht mit Küssen zu überschütten. Doch als er meine abwehrende Haltung bemerkte, ließ er mich los. Sekundenlang sahen wir uns an.

Ich konnte nicht glauben, was dieser Mann eben noch gesagt hatte. Er musste verrückt geworden sein.

„Wir könnten eine Fernbeziehung führen. Ich besuche dich im Winter und du kommst im Sommer nach Kreta. Viele machen das", bedrängte er mich erneut.

Ja, viele machen das, dachte ich. *Aber die lieben sich, und wir tun das nicht.*

Ich war sicher, dass es keine Liebe war. Ein Begehren, ja. Aber Liebe?

Ganz plötzlich hatten sich die Dinge verändert. Zu Beginn sah ich Antonis nicht als den Mann an, der mir gefährlich werden könnte. Doch nun war die Situation eine andere geworden, und zu allem Überfluss gefiel mir dieser Kreter von Tag zu Tag besser.

Ich mochte es, wie er sich auszudrücken pflegte, und wenn er nachdenklich war, konnte man sein Auftreten durchaus als vornehm bezeichnen. Aber schon im nächsten Augenblick war er übermütig und lustig, und ja, manchmal auch zornig. Kurz und gut, ich begann, seine Gegenwart zu genießen. Nur nicht im Augenblick, denn jetzt war ich froh, dass die Tanzfläche so überfüllt war und niemand auf uns achtete. Auch wusste ich nicht, was ich seinen Wünschen sonst noch entgegenhalten könnte. Vernünftigen Argumenten war er nicht mehr zugänglich. Ich wollte ihn auch nicht verletzen, denn nur wenige Menschen hatten einen so festen Platz in meinem Herzen wie er. Die Vertrautheit, die ich ihm gegenüber empfand, passte so gar nicht zu der kurzen Zeit, die wir uns kannten. Es fühlte sich an, als ob wir schon seit Jahren Freunde wären.

Während ich schreibe, kommen die Erinnerungen wieder. Gespräche mit Antonis, die ich schon längst vergessen glaubte, sind plötzlich in meinem Gedächtnis und ich kann sie niederschreiben, ohne auch nur einmal abzusetzen. Noch in diesem Jahr werde ich nach Kreta zurückkehren, nach 33 Jahren zum ersten Mal wieder. Ein wenig Bange ist mir, wenn ich daran denke.

Wie werde ich fühlen? Was wird vom Zauber noch vorhanden sein, der mich all die Jahre gefangen hielt? Ich weiß, dass ich völlig veränderte Umstände vorfinden werde und hoffe, dass es keine allzu große Enttäuschung sein wird, und dass ich mich nicht allzu fremd fühlen werde.

Aber noch hatte ich alle Hände voll zu tun, um Antonis zur Vernunft zu bringen. Die Musik, der griechische Wein und seine Leidenschaft ließen meinen Widerstand aber allmählich schrumpfen.

Von neuem glitten seine Hände über meinen Körper und er presste mich an sich. Verdammt, was war los mit mir? Ich liebte doch Nikos, dessen war ich ganz sicher und trotzdem dachte ich einen kurzen Moment daran, mich ganz fallen zu lassen, um meinen Gefühlen nachzugeben. Antonis war dies nicht entgangen.

„Marie, du willst mich doch auch! Ich kann mich nicht so täuschen. Bleib bei mir!“

Die Tür öffnete sich in dem Augenblick, als ich Antonis antworten wollte. Yorgi und Gerdi betraten die Disco. Ich atmete tief durch. Die Beiden waren meine Rettung. Ich schob den Kreter von mir.

„Ich werde mit Gerdi sprechen und ihr erklären, was wir füreinander empfinden", entschied er.

„Antonis! Nein! Tu das nicht! Bitte!" Ich hielt ihn am Ärmel fest. „Ich werde Nikos nicht verlassen. Ich habe dich sehr gerne, aber mehr ist da nicht."

„Du lügst!", fuhr er mich an. „Was war vorhin? Ich habe doch gespürt, was zwischen uns war. Wären wir alleine gewesen und wären die Beiden nicht zurückgekommen – du weißt, wie und wo das geendet hätte!"

Antonis hatte recht, aber es war diese Stimmung gewesen, der ich mich hingegeben hatte. Seine Nähe betörte mich, und sein südländisches Temperament brachte mich in Wallung. Dieser Grieche war mir keineswegs gleichgültig, und die letzten Tage hatten ihren Tribut gefordert. Sein Drängen konnte einen Stein erweichen.

„Ich bitte dich, bring meine Beziehung zu Nikos nicht in Gefahr!"

Seine Miene ließ erahnen, wie sehr mein Wunsch ihn verletzt hatte.

„Keine Sorge, ich werde dich nicht mehr bedrängen." Antonis' Stimme klang emotionslos, so, als wären die letzten Minuten nie passiert. Als der Tanz zu Ende war, begleitete er mich zum Tisch und verließ das Lokal.

Meine Stimmung war am Nullpunkt. Ich nahm eine

Zigarette aus der Packung, zündete sie an und sah dem Rauch nach.

„Hoffentlich beruhigt er sich wieder“, dachte ich, während ich meinen Gedanken nachhing.

Yorgi und Gerdi wirkten ebenfalls in sich gekehrt. Nach ihrem Gesichtsausdruck zu urteilen, dürften auch sie ein ähnliches Gespräch geführt haben.

Max hatte sich nach einem Flirt umgesehen und brachte seine neue Eroberung mit. Eine platinblonde Schwedin. Schön war sie nicht, aber Max sah wohl nicht mehr genau hin. Was er allerdings bemerkt hatte, war meine trübe Stimmung.

„Hast Antonis jetzt ganz vergrault?“, flüsterte er mir zu.

Wenn Max begann, seinen Dialekt hervorzuspielen, war das ein sicheres Zeichen dafür, dass der Alkohol aus ihm sprach.

„Unser lieber Antonis kommt immer mehr in Fahrt“, fuhr er fort und grinste mir schelmisch zu.

Ich zuckte die Schulter. „Das übliche Thema. Doch diesmal habe ich ihn wirklich gekränkt. Er ist eben rausgegangen.“

Max drückte meine Hand.

„Mach dir nichts draus, er fängt sich wieder.“

Mein lieber Freund sollte recht behalten. Kaum ausgesprochen, betrat Antonis das Lokal, ging zur Theke und kam mit einer Flasche Sekt wieder. Er zwinkerte mir zu, öffnete die Pulle und befüllte unsere Gläser.

„Auf dich und deinen Geburtstag – bevor der Tag zu Ende ist“, ...sah mir dabei tief in die Augen und erhob sein Glas.

Dieser Mann wurde mir unheimlich. Seine emotionalen Sprünge grenzten an Akrobatik. Max grinste und schien zu denken: *Siehst du, was habe ich vorhin gesagt?“*

Antonis nahm Platz und schon glitt sein Bein an meinem Schenkel hoch. Es war nicht zu fassen. Ich warf den Kopf zurück und lachte.

„Was ist so lustig?“, fragten meine Freunde.

„Och, ich dachte eben an etwas“, sagte ich glucksend, stand auf und verließ das Lokal.

Der warme Nachtwind zerzauste mein Haar und kühlte mein Gesicht. Dieser Antonis brachte mich gehörig aus der Fassung. Ich ging die Straße entlang, nur um meine Gedanken zu ordnen. Es war knapp nach Mitternacht und ich wusste, Nikos würde nicht mehr kommen. In meinem tiefsten Inneren hatte ich gehofft, ihn zu sehen. Aber das war dumm. Er war ganz bestimmt nach Hause gefahren und gleich zu Bett gegangen.

„Wenn du wüsstest, was dein Kumpel heute drauf hat...“, murmelte ich.

Wie es schien, hatte Antonis sich fest vorgenommen, mich heute Nacht zu verführen, und es sah so aus, als wäre ihm jedes Mittel recht, um sein Ziel zu erreichen. Vorhin, auf der Tanzfläche, als er mich so bedrängt hatte, wäre ich beinahe schwach geworden.

Wieder zurückgekommen sah ich, dass er mit Gerdi tanzte. Er suchte meinen Blick, den ich spöttisch erwiderte, während ich mich setzte. Es war ihm anzusehen, wie unangenehm es ihm war, dass ich ihn in dieser Situation vorfand. Es war ein langsamer Song und Gerdi hatte sich eng an ihn gekuschelt. Antonis warf mir jenen Blick zu, den Männer, die sich ertappt vorkommen, vermutlich immer draufhaben.

„Schmor du nur... geschieht dir völlig recht", dachte ich und lächelte vor mich hin.

Ich hatte nie daran gedacht, Nikos zu verlassen, um mit Antonis eine Affäre zu beginnen, doch plötzlich begann mich das Spiel zu reizen. Genauso wollte ich erobert werden.

Ich bemerkte, dass er gleich versuchen würde, Gerdi loszuwerden. Es gefiel mir, wie er sich um mich bemühte und alles dransetzte, mich doch noch zu erobern. Solche Ausdauer war ich nicht gewohnt. Die meisten Männer, die ich kannte, hätten längst aufgegeben. Aber so waren sie, diese Kreter; heißblütig und charmant zugleich.

Das Lied war zu Ende und die Beiden kamen an den Tisch. Antonis setzte sich zwischen Gerdi und mich, aber diesmal hielt er sich zurück und ließ seine Beine dort, wo sie hingehörten. Yorgi wollte mit Gerdi tanzen, aber sie war hungrig, und so ging Antonis in die Küche und brachte für uns alle Fleisch, Tzatziki und Brot.

„Tanzt du mit mir?“ Antonis’ Frage riss mich aus meinen Gedanken. Er sah mir tief in die Augen und streckte seine Hand nach mir aus.

„Ich halte dich so gerne in meinen Armen, am liebsten würde ich dich nie mehr loslassen“, raunte er mir zu.

In diesem Augenblick erklangen die ersten Takte von >*You’re my everything*<, gesungen von der Latino-Group >*Santa Esmeralda*<. Es war *der* Sommerhit schlechthin, und wir alle liebten diesen Song.

Sanft bewegten wir uns im Rhythmus der Melodie. Ich fühlte Antonis’ heißen Atem an meinem Ohr. Leise summte er die Melodie, in dem Bewusstsein, was sein hemmungsloses Begehren in mir auslöste. Ich stand in Flammen … und zwischen uns und unseren Freunden waren die Säulen – und viele Menschen.

Antonis’ Lippen glitten an meinem Hals entlang und diesmal wollte ich ihn nicht abweisen. Sein Mund hatte den Meinen erreicht und strich zärtlich über mein Gesicht, bevor seine Zunge sich sanft zwischen meine Zähne schob. Ich wusste, dass ich das nicht tun sollte, aber ich tat es trotzdem. Im Schutz der Säulen begannen wir uns ungestüm und voller Leidenschaft zu küssen.

Rund um mich versank die Welt. Die Menschen… ich nahm sie nicht mehr wahr; erst, als Antonis' Lippen sich von den Meinigen lösten, kam ich wieder zu mir. „Sagst du nun wieder, dass zwischen uns nichts wäre?"

Antonis' Stimme klang belegt und seine dunklen Augen durchbohrten mich. Ich lehnte mit dem Rücken an der Säule und er stand vor mir… hatte seine Hand neben meinem Kopf abgestützt. Unvermittelt kam er näher und bevor ich antworten konnte, presste er seine Lippen hart auf die Meinigen. Sein Knie drängte sich zwischen meine Beine und ich spürte, wie mein Verstand aussetzte. „Ich muss hier raus und zwar schleunigst!", dachte ich noch. Doch stattdessen schlang ich meine Arme um seinen Nacken und erwiderte den Kuss mit derselben Leidenschaft, mit der auch er mich küsste.

„Komm, lass uns zu den anderen gehen und ihnen sagen, dass wir uns lieben und zusammen sind!"

Ich öffnete meine Augen und sah Antonis, der mich zärtlich anblickte.

Verdammt! Was hatte ich getan!? Ich wollte niemandem sagen, dass ich Antonis' Freundin war. Da gab es Nikos, und erst jetzt begriff ich, was geschehen war. Ich hatte mich hinreißen lassen.

Verlegen strich ich durch mein Haar – nur um Zeit zu gewinnen. Was sollte ich tun? Wie sollte ich ihm erklären, dass dieser Kuss nichts bedeuten durfte?

Antonis' sah mein Zögern und sein Ausdruck veränderte sich abrupt.

„Marie! Tu mir das nicht an!"

Ich sah eine steile Falte über seiner Nasenwurzel auftauchen. Mit festem Blick sah ich in seine Augen.

„Es geht nicht!", antwortete ich leise.

Antonis sog hörbar die Luft ein, griff in seine Brusttasche, nahm eine Zigarette und zündete sie an. Ich sah, dass seine Hand leicht zitterte. In dem Moment hätte ich mir gewünscht, dass sich der Boden unter meinen Füßen aufgetan hätte.

„Machst du das laufend so!?" Seine Stimme klang schneidend.

„Wenn das deine Meinung ist, ist unser Gespräch hiermit beendet!"

Ich schleuderte ihm diese Worte entgegen und verließ das Lokal.

Da stand ich nun... an diesem Abend schon zum zweiten Mal. Ich beschloss, zum Hotel zurück zu gehen. Es war gleichgültig, was die anderen dachten, wenn ich nicht mehr kam.

Ich war nicht böse auf Antonis. Ich hatte bloß die Gelegenheit ergriffen, mich aus der Affäre zu ziehen. Es war unser beider Schuld. Mit seinem überschäumenden Temperament hatte er die Situation heraufbeschworen und den Bogen mächtig überspannt, und ich hatte irgendwann die Kontrolle darüber verloren. Genauso wollte ich es ihm sagen, wenn sich die Wogen wieder geglättet hatten, und das würden sie, dessen war ich sicher.

Ich war fast beim Palmera angelangt, als ich schnelle Schritte hinter um mir hörte.

„Marie! Warte auf mich! Es tut mir leid! Ich wollte dich nicht beleidigen!“

Ich ging etwas langsamer, hielt aber nicht an. Nach einigen Sekunden hatte Antonis mich eingeholt und nahm meinen Arm.

„Verzeih mir. Ich habe dich zu stark bedrängt und geglaubt, es wäre alles damit getan.“

Seine Augen hatten wieder diesen Ausdruck, den ich so mochte.

„Ich bin nicht böse. Es war auch meine Schuld. Ich habe die Kontrolle über mich verloren.“ Ich konnte seine Erleichterung sehen.

„Du hast mir schwer zugesetzt! Mannomann, bei deinem Temperament beginnen Steine zu schmelzen“, fuhr ich fort.

Antonis lachte. „Ja! So bin ich eben! Daran musst du dich gewöhnen“, meinte er augenzwinkernd. Für ihn war alles wieder im Lot.

Typisch, dachte ich. Ich mochte seine Mentalität, aber manchmal war er sehr anstrengend.

„Wir Mitteleuropäerinnen sind mit solch überschäumendem Temperament überfordert. Das sind wir nicht gewöhnt. Da musst du behutsamer vorgehen“, konterte ich.

„Ich weiß, eure Männer sind lahmer, darum fliegt ihr so auf uns!“ Aus seinen Augen blitzte der blanke Schalk. Lachend boxte ich ihn in die Rippen.

„Au!“, jammerte er und tat, als ob er gleich sterben müsste. Ich ergriff seinen Arm und zog ihn hoch.

„Was ist jetzt!? Schlagen wir hier Wurzeln!?“, fragte ich.

„Was schlagen wir!?“

Meine flapsige Art zu reden bereitete ihm immer wieder Kopfzerbrechen. Antonis sprach fließend Deutsch, aber gewisse Redewendungen kannte er natürlich nicht. Ohne jedoch meine Antwort abzuwarten, nahm er mich am Arm und wir machten uns auf den Weg zur Disco.

Diese hatte sich geleert, denn es war fast zwei Uhr und in wenigen Minuten würde Antonis das Lokal schließen müssen. Auch meine Freunde hatten mich schon vermisst, daher erzählte ich ihnen, dass ich im Palmera gewesen sei, um mir eine Kopfschmerztablette zu holen.

Während Max mit seiner Schwedin flirtete, starrte ich gedankenverloren auf meine Zigarette. Der Kuss vorhin, während des Tanzes, hatte mich verwirrt. Ich wollte mit dem Feuer spielen und hatte nicht bedacht, dass ich mir dabei die Finger verbrennen könnte. Als ich dann noch sah, wie Gerdi und Antonis zusammen lachten, verspürte ich einen eifersüchtigen Stich.

Wild entschlossen, mich nicht von meinen Gefühlen dirigieren zu lassen, dämpfte ich die Zigarette aus.

Antonis gehört zu Gerdi... und ich zu Nikos! Basta!

„Was heute geschehen ist, wird niemand erfahren, auch Nikos nicht. Du brauchst dich nicht zu sorgen“, beruhigte mich Antonis, als wir wenig später die leeren Getränkeflaschen in seinem Wagen verstauten. Fröhlich lächelte ich ihm zu.

„Ich weiß, dass du ein Schatz bist“, sagte ich und hauchte ihm einen Kuss auf die Wange.

„Deine Küsse habe ich leidenschaftlicher in Erinnerung“, konterte er schmunzelnd.

Antonis blieb Antonis, daran war nichts zu ändern.

Antonis und Marie

In seinem Privatraum feierten wir weiter. Aber so nach und nach verabschiedeten sich die Gäste. Max war mit seiner Schwedin schon vor einiger Zeit verschwunden, und so blieben nur mehr Antonis, Yorgi, Gerdi, ich, und zwei von den Sirtaki Tänzern übrig. Antonis wandte sich an Yorgi und bat ihn, die fehlenden Getränkekisten vom Hauptlager zu holen, und Gerdi sollte ihm dabei helfen. Sie stimmte ohne Zögern zu. Kaum hatten die Beiden das Lokal verlassen, verabschiedeten sich auch die Tänzer. Plötzlich war ich mit Antonis alleine und das ging so schnell, dass ich nicht einmal reagieren konnte. War das Zufall oder von ihm organisiert?

Ich setzte mich auf den Barhocker und wartete ab, was kommen würde...

Antonis schloss das Lokal wieder ab und ging hinter die Theke, um uns Sekt einzugießen. Er nahm beide Gläser, kam auf meine Seite, reichte mir mein Glas, stieß an mit mir, und als wir beide getrunken hatten, nahm er die Sektflöte aus meiner Hand, um sie abzustellen.

Jetzt ist die Zeit gekommen, um Farbe zu bekennen, dachte ich. Mein Herz klopfte wie wild und ich hatte Mühe, einigermaßen ruhig zu atmen. Wortlos nahm er meine Hand und schweigend betraten wir die Tanzfläche. Eng umschlungen bewegten wir uns zur Musik, die für diesen Augenblick wie geschaffen war.

Ich kam mir vor, wie der berühmte Fisch am Angelhaken, der noch schwimmen konnte, aber den Köder längst verschluckt hatte, und somit unwiderruflich gefangen war. Aber nun kämpfte ich nicht mehr dagegen an. Jetzt gab es nur mehr zwei Möglichkeiten... Ich ging, oder ich blieb.

Die Spannung steigerte sich ins Unermessliche und diesmal waren wir alleine. Yorgi würde, falls er überhaupt zurückkommen sollte, die Getränke ins Lager stellen. Er hatte keinen Grund, das Lokal zu betreten. Er könnte es auch nicht, da Antonis abgeschlossen hatte und der Schlüssel steckte. Von außen sah die Bar dunkel aus, denn es brannte nur ein Spot... der, hinter der Theke.

Antonis' Gesichtszüge erschienen mir fremd. Lag es an der Dunkelheit im Raum, oder war es die Ruhe vor dem Sturm?

Wir wussten beide, was gleich kommen würde. Die Stimmung war sehr aufgeheizt und doch hatte ich das Gefühl, dass Antonis zögerte. Er konnte nicht wissen, wie weit ich ihm entgegenkommen würde. Vor Stunden hatte ich ihn abgewiesen... in einer Situation, in der er sich bereits am Ziel glaubte. In den letzten Minuten war mir jedoch eines klar geworden. Ich wollte diesen Mann, wollte ihn mehr als alles andere. Die Zeit der Spielchen war vorbei.

Sekunden später waren wir bei dieser Säule gelandet. Ich stand vor ihm, sah in seine Augen. Meine Lippen näherten sich den seinen, bis sie ihn berührten. Er ließ mich gewähren... bewegte sich nicht. Ich hatte mein Knie zwischen seine Beine geschoben, nahm dieselbe Position ein, wie er noch vor Stunden bei mir, ließ meine Zunge an ihm spielen...

Es war still um uns geworden. Die einschmeichelnde Stimme des Sängers war verstummt. Von einer >Magic Night< hatte er erzählt. Wie treffend!

Antonis' Hände glitten sanft über meinen Rücken. Doch plötzlich fasste er in mein Haar und bog meinen Kopf nach hinten.

„Was machst du nur mit mir!?“, stöhnte er. Im nächsten Augenblick ließ er sich zu Boden gleiten und zog mich mit sich.

Er lehnte im Sitzen an der Säule und ich saß im Reitersitz auf ihm und spürte, wie seine Erregung unter mir wuchs. Seine Hände zerwühlten meine Mähne und sein Mund saugte sich an mir fest. Er küsste mich wild und ungestüm und ich presste mich an ihn. Die Leidenschaft der letzten Tage und Stunden entlud sich nun vollends.

„Du hast mich lange warten lassen, Agapi mou“, stöhnte er, bevor er in mich eindrang.

Der Morgen graute bereits, als wir unser Liebesspiel beendeten. Antonis erhob sich und kam mit der angebrochenen Flasche Sekt wieder, die wir, durstig wie wir waren, schnell austranken.

„Ich weiß nicht, was heute los ist. Ich habe bereits mehrere Gläser Sekt getrunken, und trotzdem spüre ich den Alkohol nicht!“

„Das liegt nicht am Sekt, mein Schatz. Ich denke, daran bin ich schuld“, schmunzelte mein griechischer Liebhaber, beugte sich vor und biss zärtlich in mein Ohrläppchen.

„Dein heißes Blut verbrennt den Alkohol zu schnell“, zog er mich auf. Ich lächelte vielsagend.

„Das stimmt! Du bringst mich zum Glühen.“

Weitere zärtliche Minuten verstrichen, bevor wir unsere Kleider einsammelten, die überall verstreut herumlagen.

„Ich habe hier keine Dusche, aber wir könnten zum Meer laufen. Wenn wir die Felsen runterklettern, sind wir in zwei Minuten am Strand.“ Antonis’ Blick war fragend auf mich gerichtet. Zweifelnd schaute ich auf meine Schuhe. „Meinst du, dass ich mit *den* Dingern die Felsen hinabklettern kann?“

Antonis grinste. „Wahrscheinlich brichst du dir damit den Hals! Wirf sie einfach runter, dann finden wir sie schon.“

Schnell brachte ich mein Make-up in Ordnung. Antonis sah mir zu, etwas verständnislos...

„Warum bemalst du um diese Zeit dein Gesicht?“, fragte er.

Das war nötig, denn meiner Freundin würde es auffallen, wenn ich ungeschminkt zurück käme, und da ich mit Gerdi im selben Zimmer schlief, musste ich mir außerdem eine gute Ausrede einfallen lassen, um mein spätes nach Hause kommen zu erklären. Antonis hatte in den letzten Stunden weder Nikos noch Gerdi erwähnt, und so hütete ich mich, ihm Grund zu geben, einen der beiden Namen zur Sprache zu bringen, und ließ seine Frage daher unkommentiert. Ich wollte die Stimmung nicht verderben. Es war unsere Nacht gewesen, und auch der Morgen gehörte uns.

Zeus und Europa

Am Strand angekommen, schlüpften wir aus unseren Kleidern und liefen ins Meer. Nackt baden war zu der Zeit noch verboten, und dieser Spaß hätte uns im schlimmsten Fall einige Tage Gefängnis einbringen können.

„Vielleicht sperren sie uns gemeinsam in eine Zelle, dann brauchen wir keine Ausreden mehr zu erfinden, um uns zu treffen“, war Antonis’ übermütiger Kommentar.

Ich mochte seine unkomplizierte Art, mit der er mich zum Lachen brachte, und so schob ich meine Bedenken zur Seite. Was sollte schon passieren? Der Morgen war noch jung und es war keine Menschenseele zu sehen. Die Polizisten würden um diese Zeit auch noch schlafen.

Wir liebten uns im salzigen Wasser des kretischen Meeres. Dieser Antonis war schon eine Wucht. Unersättlich und voller Leidenschaft. Erschöpft lagen wir später am Strand und die Wellen spülten über unsere Körper.

Ich stützte mich auf und betrachtete ihn, wie er da lag... ruhig atmend, mit geschlossenen Augen. Seine markanten Züge gefielen mir immer besser. Antonis sah nicht unbedingt wie der typische Grieche aus, sondern eher wie eine Mischung aus Araber und Türke..., mit seinem Bart, der kräftigen Nase und dem dunklen Blick. Und als ob er gespürt hätte, dass ich ihn beobachtete, öffnete er die Augen und sah mich lächelnd an.

„Du hast mich heute sehr glücklich gemacht. Ich hätte nicht gedacht, dass wir uns lieben würden. Erst nachdem du mich geküsst hast, glaubte ich daran." Genau deswegen hatte ich den ersten Schritt gewagt. Ich wusste um seine Gedanken. Er war nicht sicher, ob ich bereit war, mich ihm hinzugeben. Oft genug hatte ich ihn abgewiesen. Aber nun wollte ich ihm signalisieren, dass ich meine Meinung geändert hatte.

Während ich ihn betrachtete, kam mir Zeus in den Sinn. Der griechische Göttervater hatte sich in Europa, eine wunderschöne, byzantinische Prinzessin, verliebt. Da die Königstochter sehr tierlieb war, verwandelte Zeus sich in einen weißen Stier. Europa war hingerissen, als sie ihn sah; stieg auf seinen Rücken... und schon war es passiert. Dieser heimtückische Stier sprang auf, lief zum Meer und schwamm mit der edlen Jungfrau bis nach Kreta. Am Strand von Matala gingen sie an Land.

Ja..., und dann machten sie sich an die Arbeit. Immerhin hat es das Schicksal so gewollt, dass es uns Europäer gibt..., sagt zumindest die Legende. Denkt man über diese Sage etwas genauer nach, lassen sich doch einige Parallelen von damals zu heute finden. Antonis musterte mich mit prüfendem Blick.

„Verrate mir deine Gedanken", bat er. Das tat ich. „Du glaubst also, ich bin Zeus der Stier und du die unschuldige Europa?“ Sein Blick sprach Bände.

„Habe ich behauptet, Europa wäre unschuldig?“ Ich lächelte kokett.

„Wenn Europa nur annähernd so raffiniert war, wie du es bist, wundert es mich nicht, dass der arme Zeus den Verstand verloren hat“, erwiderte er amüsiert. Dann schüttelte er den Kopf.

„Trelò kotòpoulo“, sagte er und zog mich lachend an sich.

„Was heißt das nun wieder?“

„Verrücktes Huhn“, grinste er.

Ich tat pikiert, nahm seine Hose und das Hemd und warf es ihm an den Kopf.

„Komm schon, du griechischer Zeus! Zieh dich an! Es ist spät! Ich habe keine Lust, diesen Strand gegen eine Gefängniszelle einzutauschen.“

Hurtig schlüpften wir in unsere Kleider und liefen übermütig am Strand entlang, der genau zum Palmera führte. Lange und zärtlich nahmen wir Abschied und ich ging ins Hotel. Es war inzwischen halb acht geworden und ich schlich mich ins Zimmer. Gerdi schlief noch, und leise kroch ich in mein Bett.

Ist ja fast so, als ob ich verheiratet wäre, dachte ich noch, bevor ich einschlief.

Heimlichkeiten

Ich öffnete die Augen und blickte auf die Uhr. Es war fast zwölf. Verschlafen krabbelte ich aus meinem Bett. Außer mir war niemand im Zimmer. *Um diese Zeit sind wohl alle am Strand,* dachte ich schlaftrunken.

Ich ging auf den Balkon, reckte mich und genoss die Sonne, die mir ins Gesicht schien.

„Hast du gut geschlafen?", fragte eine Stimme. Ich blickte hinab und sah Antonis, der eben die Stufen runterkam.

„Das weiß ich noch nicht, und um das zu wissen, müsste ich erst einmal richtig wach werden. Warst du bei den anderen am Strand?"

„Nein, ich bin eben erst gekommen. Ich habe einige Stunden Schlaf gebraucht, nach dieser anstrengenden Nacht", grinste er.

„Was ist passiert? Du wirkst angeschlagen", fragte ich scheinheilig. Er sah *wie gerädert* aus.

„Wenn ich *das* noch wüsste", antwortete Antonis, ebenso heuchlerisch.

„Kann ja nichts aufregendes gewesen sein, wenn du dich nicht mehr daran erinnern kannst ", stichelte ich weiter.

„Gehst zum Fensterln, Antonis!?", rief eine Stimme. Es war Gerry, der mit den anderen vom Strand kam und unser Geplänkel unterbrach.

„Er findet keine Leiter, darum mussten wir es

verschieben“, rief ich zurück. Alle lachten.

Meinen Freunden war es zu heiß geworden, sie suchten Abkühlung in der Bar.

„Ich gehe duschen, dann komme ich nach! Bestellt einen starken Kaffee für mich!“, rief ich ihnen zu.

Ich ließ das Wasser über meinen Körper laufen und dachte an vergangene Nacht. Noch immer spürte ich seine Hände an meiner nackten Haut. Wenn ich die Augen schloss, hörte ich seine Stimme, die mir zuflüsterte. Es waren Worte, die seine gesamte Leidenschaft zum Ausdruck brachten. Viel zu schnell war der Morgen dagewesen...

Gewaltsam riss ich mich aus meinen Tagträumen.

Wenig später hatte ich meine Toilette beendet, trocknete mich ab und zog ein leichtes Sommerkleid über. Ich machte mich auf den Weg in den Frühstücksraum, der zugleich die Bar war. Antonis, Gerdi, Max und Gerry saßen an einem Tisch, die anderen Mädels gleich nebenbei.

„Wann bist du nach Hause gekommen, Marie?“, erkundigte sich Gerdi. „Ich habe dich nicht gehört.“

„Frag nicht, keine Ahnung. Aber wo warst du? Wir haben auf dich gewartet“, antwortete ich und hoffte, dass sie nicht doch noch bei der Disco gewesen war.

„Ach, ich war zu müde. Yorgi hat mich nach Hause gebracht. Ich hatte keine Lust mehr. War es nett?“

„Ja, war ganz lustig mit den Dreien. Auf jeden Fall

haben wir alle zu viel getrunken. Nicht wahr, Antonis?“

„Das kann man wohl sagen! Diese Nacht hatte es in sich“, antwortete er mit vielsagendem Blick.

Ich nippte an meinem Kaffee, als Nikos den Raum betrat.

Ich erschrak. „Nikos?!? Du hier? Das ist eine Überraschung!“

Er kam an meinen Tisch und küsste mich auf den Mund.

„Hi, Darling! Ich wollte dich sehen.“ Mein Blick fiel auf Antonis, dessen Lippen sich zusammenpressten. Nikos setzte sich neben mich und legte den Arm um meine Schulter.

„Mein Freund musste in die Stadt. Beim Vorbeifahren habe ich Antonis’ Wagen gesehen und dachte, ich sehe nach euch.“

„Das freut mich“, antwortete ich... nicht ganz wahrheitsgemäß.

„Hast du mich gestern vermisst, Darling?“, forschte er weiter. „Erst wollte ich nach dir sehen, aber dann war ich doch zu müde. Am Abend konnte ich die Augen kaum mehr offenhalten. Meinen Shop habe ich daher schon um 21 Uhr geschlossen, und eine Stunde später lag ich im Bett.“

„Ich dachte mir, dass du zu müde sein wirst. Nach *der* langen Nacht“, antwortete ich, ohne zu erwidern, ob ich ihn vermisst hätte.

„Seid ihr heute Abend wieder in der Bouzouki

Bar?“, fragte er wenig später. Ich nickte.

„Dann werde ich um halb Elf da sein. Aber nun muss ich los. Mein Shop ist geschlossen und die Kunden warten.“ Er küsste mich ausgiebig.

„Wir sehen uns heute Abend, Agapi mou!“

Nickend lächelte ich ihm zu.

Ich wollte mir eine Limo holen, aber die Kiste war leer, und so machte ich mich auf den Weg, um eine Neue zu besorgen.

„Warte Marie! Ich helfe dir und nehme Bier für alle mit!“ Antonis war aufgesprungen und griff nach dem Getränkekasten.

„Wir sehen uns heute Abend, Agapi mou“, äffte er... Nikos nachahmend, nachdem wir den Raum verlassen hatten. Ich blickte ihn tadelnd an.

„Antonis! Bitte! Lass das! Wir sind im Unrecht, nicht Nikos. Er denkt, ich bin seine Freundin und er hat mich sehr gern. Verspotte ihn nicht!“

„Bereust du etwa, was heute Nacht geschehen ist?“ Er blickte mich herausfordernd an.

„Nein! Und das weißt du auch!“ Sanft strich ich über sein Gesicht. „Es war wunderschön mit dir.“

Durch meine Worte besänftigt, ergriff er meine Hände und drückte sie an seine Lippen.

Mein schlechtes Gewissen, Nikos gegenüber, hielt sich in Grenzen. Dazu kannte ich ihn zu kurz. Bei Gerdi war das etwas anderes. Was mir jedoch eigenartig erschien, war, dass sie heute Nacht zu müde gewesen sein sollte, um noch in die Bouzouki zu kommen. Ich überlegte, was zwischen ihr und Yorgi wohl geschehen sein mochte, denn normalerweise wich sie nicht von Antonis' Seite.

Eben wollte ich den Lagerraum verlassen, als Antonis mich festhielt. Ungestüm riss er mich an sich, küsste mich heftig.

„Marie! Du bringst mich um den Verstand! Ich habe schon wieder Lust, dich zu lieben!"

„Du bist verrückt! Wir können uns hier nicht lieben! Nicht in diesem Raum!", keuchte ich atemlos.

„Das weiß ich! Und es macht mich wahnsinnig! Ich kann an nichts anderes denken!"

Sein Gesicht war dem Meinen sehr nah. Er hielt mich an die Wand gepresst und sein Atem ging stoßweise.

„Als Nikos dich küsste, stand ich kurz davor, ihn von dir wegzureißen!" Seine Augen funkelten, und er erinnerte mich an eine Statue von Ares, dem griechischen Gott des Krieges, die ich irgendwo gesehen hatte. Außerdem sah er aus, als würde er jeden Moment die Beherrschung verlieren. Ich versuchte mich zu befreien.

„Antonis! Ich bitte dich! Sei vernünftig und lass Nikos zufrieden! Er kann nichts dafür!"

Abrupt ließ er mich los, und innerhalb weniger Augenblicke klang seine Erregtheit ab. Er blickte mich an... kühl und emotionslos.

„Aber ja doch!" Seine Stimme klang abweisend. Ein

kurzer Blick, dann nahm er die beiden Kisten und ließ mich stehen.

Was sollte das bedeuten? Sein >*aber ja doch*<, ließ mich befürchten, dass er Schwierigkeiten machen könnte. Und wie er mich dabei angesehen hatte... wie ein Fremder. Würde er vernünftig bleiben? Und vor allem, würde er seine Emotionen kontrollieren können, wenn Nikos kam?

Antonis' Gefühlsausbrüche waren nicht zu unterschätzen, und jetzt, nachdem wir zusammen geschlafen hatten, stellte er Besitzansprüche. Vergangene Nacht hatte ich nicht einen einzigen Gedanken daran verschwendet, wie die nächsten Tage aussehen könnten. Es gab nur uns beide. Ich hatte mich hinreißen lassen... von seiner Leidenschaft, seiner Männlichkeit und dem Gefühl, mit ihm zusammen zu sein... mit allem was dazugehört. Es war wundervoll gewesen, und noch nie hatte mich ein Mann so fasziniert wie er. Aber nun sah es aus, als könnte es problematisch werden.

Wieder zurück in der Bar, nahm ich mir die Limo. Antonis saß bei Max und Gerry und warf mir missmutige Blicke zu. Ich setzte mich zu ihm an den Tisch und beobachtete sein Mienenspiel, das nach wenigen Minuten wieder freundlicher wurde; und es dauerte auch nicht lange, bis er sich wieder an unserer Unterhaltung beteiligte.

Wir beratschlagten, was wir unternehmen

könnten, aber es gelang mir nicht, meine Freunde zu motivieren. Gerry wollte mit seinen Mädels an den Strand – um zu relaxen, wie er betonte, und Max war down. Diesem saß die Nacht mit seiner Schwedin noch in den Knochen.

Griechische Männer sind anscheinend widerstandsfähiger, dachte ich schmunzelnd und warf einen verstohlenen Blick zu Antonis, dem die Strapazen der vergangenen Nacht nun nicht mehr anzusehen waren... was ich vorhin überdeutlich zu spüren bekommen hatte. Also beschloss ich, Max etwas aufzuziehen.

„Bist du untrainiert?“, fragte ich frech, worauf dieser nur müde den Kopf schüttelte. Als auch Gerdi kundgab, dass sie sich hinlegen wollte, um am Abend wieder fit zu sein, verkündete ich:

„Also, wenn niemand Lust hat, etwas zu unternehmen, gehe ich in die Stadt und kaufe Souvenirs für meine Freunde und meine Familie.“

„Wenn du willst, fahre ich dich gerne!“, meldete sich Antonis zu Wort. Ich schmunzelte und tat, als wenn ich überlegen müsste.

„Du hast doch gestern erzählt, dass du in die Berge fährst, um Raki zu kaufen? Ich will dich nicht davon abhalten. Ein Fußmarsch schadet mir nicht.“

„Es macht mir nichts aus, Marie. Es wäre auch schön, wenn du mich begleiten würdest. Allein zu fahren ist langweilig. Es sind sehr nette Leute, die ich besuche.“

Wiederum tat ich, als ob ich erst überlegen müsste.

„Warum eigentlich nicht. Bevor ich den Nachmittag vertrödle, sehe ich mir Kretas Bergwelt an“, antwortete ich.

Wir hüteten uns zu fragen, ob vielleicht doch noch jemand dabei sein wollte.

„Fahren wir sofort, Marie? Ich habe Hunger und möchte vorher essen. Kommst du mit?“

„Wenn mein Magen schon etwas reinlässt, gerne“, gab ich zur Antwort. Antonis lächelte und stand auf. Er hatte es plötzlich sehr eilig.

„Bist du auch so hungrig wie ich?“, fragte er wenig später und sah mir dabei tief in die Augen. Ich lachte ihn an.

„Warum habe ich plötzlich das Gefühl, du sprichst nicht vom Essen?“

Antonis grinste, entblößte seine Zähne und knurrte wie ein Löwe... ein hungriger Löwe. Der Nachmittag versprach aufregend zu werden.

Endlich alleine

Wir fuhren Richtung Stadt, zu unserer Pizzeria… wollten Spaghetti essen. Das war leicht und doch sättigend. Gerade richtig, nach dieser Nacht.

„Ich hätte nicht gedacht, dass wir heute nochmals Zeit für uns haben würden. Das ging vorhin so schnell, ich wollte die Gelegenheit nicht versäumen.“ Antonis sah mich zärtlich an.

„Ich hatte Sorge, dass noch jemand mitkommen möchte“, schmunzelte ich.

„Warum glaubst du, dass ich so überhastet aufgebrochen bin?“, antwortete Antonis und zog mich an sich. Er hielt das Lenkrad in der einen Hand und mich in der anderen, bog ab, und wir verließen Pasormalos. Vorbei an der Pizzeria. Ich blickte ihn fragend an.

„Im Landesinneren werden wir besser essen“, war sein Kommentar dazu.

Nachdem wir einige Kilometer gefahren waren, hielten wir vor einer Taverne. Der Besitzer winkte uns zu. Antonis nahm mich an der Hand und gemeinsam gingen wir zur Theke. Er begrüßte Ioannis. Mich stellte er als seine Freundin vor. Ich schluckte. *Hoffentlich kennt dieser Mann Nikos nicht*.

Ioannis servierte uns *Calamari Stifado*, das wir in seiner Küche, ganz nach Landessitte, ausgewählt hatten. Es war das erste Mal in meinem Leben, das ich Tintenfisch aß, und er schmeckte überraschend gut. Dazu gab's noch Brot und eine Karaffe voll herrlichen Retsina, sehr stark geharzt. Antonis hatte recht behalten, wie immer. Dieses köstliche Mahl wäre in Pasormalos nicht zu bekommen gewesen. Wobei ich anzweifelte, ob wir nur wegen des Essens hier waren, denn, allem Anschein nach, wollte er mich vorführen.

Nach einer Stunde fuhren wir weiter. Geradewegs in das Bergdorf, in dem er den Raki kaufen wollte. Dieser Besuch dauerte auffällig kurz für kretische Verhältnisse, denn kaum waren die Flaschen verladen, verabschiedeten wir uns, was dem Bauern ein listiges Augenzwinkern entlockte.

In der Zwischenzeit war es vier Uhr nachmittags geworden. Antonis lenkte seinen Wagen über Bergstraßen, die teilweise nur geschottert waren. Ich merkte natürlich, dass es hier nicht nach Hause ging. Es sah aus, als ob wir nach Süden fuhren.

„Wohin fahren wir?“, fragte ich. Er schenkte mir einen schnellen Kuss.

„Lass dich überraschen“, lächelte er. Ich war gespannt.

Nach einiger Zeit des Schweigens, Antonis hatte eine Kassette mit griechischen Liebesliedern in seinem Autoradio abgespielt, sah ich von weitem das Meer auftauchen. Ich löste mich aus seiner Umarmung und richtete mich auf.

„Du liebst doch die griechische Mythologie?“

Antonis' Frage wurde von einem Lächeln begleitet. *Was hatte er vor?*

„Ich entführe dich an *den* Strand, an dem Zeus seine geliebte Europa verführt hat. Du hast mich doch heute Morgen mit Zeus verglichen." Sein Blick war schelmisch, wie der eines Jungen.

Man konnte Antonis einige Dinge nachsagen, aber nicht, dass er keine Einfälle hatte.

„Und was bist du jetzt? Zeus der Stier, oder hast du dich schon wieder zurückverwandelt", lachte ich.

„Noch bin ich der Stier, denn ich habe dich in meiner Gewalt, du entkommst mir nicht", witzelte er. „Zeus verwandelte sich erst wieder an Land in eine menschliche Gestalt, und als Europa ihn sah, verliebte sie sich Hals über Kopf in ihn, und sie zeugten drei Söhne."

„Das hast du aber nicht vor, oder?" Ich tat erschrocken.

Antonis sah mich verständnislos an.

„Was meinst du?"

„Na, die Sache mit den drei Söhnen", gab ich zur Antwort und konnte mein Lachen nur mehr mühsam verkneifen.

Antonis' verblüffter Gesichtsausdruck war sehenswert, doch dann brach er in schallendes Gelächter aus und schüttelte den Kopf.

„Du zerstörst jede Romantik, und dabei habe ich es mir so schön ausgedacht."

Liebe am Strand von Matala

Am Strand von Matala stiegen wir aus. Berühmt wurde dieser durch die vielen Höhlen, in denen in den 60er und 70er Jahren Hippies wohnten... solange, bis die Polizei dem ein Ende setzte. Der Anblick des berühmten Felsens war gigantisch.

Wir verweilten am Wasser, die Sonne stand bereits tief am Horizont. Antonis nahm mich in den Arm.

„Hier entstieg der Stier mit Europa und verwandelte sich in einen Mann!"

Er war zweifellos eine Drama Queen und verstand es meisterhaft, mir weiche Knie zu verschaffen. Doch seine Geschichten beeindruckten mich. Es gefiel mir, was er sich alles ausdachte, nur um mir zu imponieren. Das war mir noch nie passiert und seine Taktik amüsierte mich. Er wickelte mich um den Finger. Genauso, wie es der echte Zeus bei Europa getan hatte.

„Verführt Zeus nun zum zweiten Mal seine Europa?", flüsterte ich.

„Ja, das hat er vor", raunte er mir zu, hob mich hoch und trug mich auf die andere Seite des Strandes. Hier war eine Stelle nahe einer Höhle, in die man schwer einsehen konnte. Antonis setze mich sanft ab.

Sonne, Sand und Meer waren eine wundervolle Kulisse, der ich mich nicht entziehen konnte und wollte.

Wir standen mittendrin. Der Wind strich durch

unser Haar, denn es waren die 70er, und auch die Männer zeigten damals ihre Haarpracht.

Seine Lippen berührten zart die meinen, und als unsere Küsse leidenschaftlicher wurden, flüsterte Antonis mir zu.

„Marie, versuche deine Emotionen so lange du kannst zurückzuhalten, du wirst sehen, wie es sein wird, wenn du sie wieder hervorlässt."

Er schob die Träger meines Kleides zur Seite. Es fiel zu Boden. Mein Puls raste und ich hatte das Gefühl, als ob ich mich ganz oben, auf einer Wolke befinden würde. Ich stand nackt in der Abendsonne und Antonis' Lippen glitten an meinem Körper entlang... bis er vor mir kniete. Dann zog er mich zu sich. Er nahm mein Gesicht in beide Hände und seine Küsse wurden immer fordernder. Wir knieten voreinander im Sand und sein heißer Atem verbrannte mich.

„Nimm dich noch mehr zurück...! Bitte!", stieß er hervor. Ich tat, was er verlangte; zumindest versuchte ich es.

Lang ertrage ich das nicht mehr!

Ich hatte noch nie so empfunden und mein Körper fühlte sich an, als ob man ihn am Stromkreis angeschlossen hätte. Er tat alles, um mich hochzufahren, ich steuerte massiv dagegen. Es war ein irrwitziges Spiel, das wir trieben.

„Nur noch ein wenig, dann sind wir beide bereit", flüsterte er mir zu. Unsere Lippen klebten aneinander, als er hastig den Reißverschluss seiner

Hose öffnete, und dann war es soweit. Die Schleusen öffneten sich... Es war, als ob ein Orkan über mich hinwegziehen würde. In meinen Ohren rauschte das Blut. Ich hörte seine Stimme, doch ich konnte ihn nicht mehr verstehen.

Plötzlich war es still. Wir lagen im Sand und die Sonne war bereits am Horizont verschwunden. Ich hatte mein Gesicht in seinen Achselhöhlen vergraben und auch er bewegte sich nicht. Lange Zeit lagen wir nur so da.

„Wie fühlst du dich?“ Antonis’ Stimme brachte mich in die Gegenwart zurück. Langsam hob ich meinen Kopf. Ruhig lag er da und sah mich an.

„So muss sich Ikarus gefühlt haben, als er der Sonne zu nahe kam und ins Meer stürzte“, antwortete ich.

Antonis lächelte. „Ja, so fühl ich mich auch.“

Nach einer Weile erhoben wir uns. Schweigend kleideten wir uns an. Hand in Hand, und ohne zu sprechen, gingen wir zum Wagen. Antonis ließ den Motor an und wir fuhren in die Dämmerung. Es war noch ein langer Weg bis nach Hause, und vielleicht würden wir es schaffen, noch vor Nikos in der Bouzouki zu sein. Antonis hielt an einer Taverne, um mit Yorgi zu telefonieren, damit dieser Bescheid wusste und rechtzeitig die Bar öffnete. Als er wieder ins Auto stieg, reichte er mir eine Wasserflasche.

Während ich trank, sah ich, dass er mich beobachtete.

„Alles okay bei dir?“, fragte er besorgt. Ich nickte.

„Du bist so still“, bemerkte Antonis.

„Ich weiß, aber mir ist nicht nach Sprechen zumute.“

Ich trank, gab ihm die Flasche zurück und kuschelte mich in den Sitz.

„Du warst auch schweigsam“, äußerte ich mich.

„Ich wollte den Zauber nicht stören.“ Er nahm meine Hand und küsste mich an den Fingerspitzen.

Solche und ähnliche Worte würden bei zwei Menschen, deren Muttersprache Deutsch ist, wahrscheinlich schwulstig klingen. Aber in diesem Fall war es nicht so. Antonis war Grieche und drückte sich in meiner Sprache anders aus, und ich passte mich an.

Das Blatt hat sich gewendet

Als die Lichter von Pasormalos auftauchten, war es knapp 22 Uhr.

„Fährst du mich ins Palmera?“, bat ich ihn. Antonis nickte und sagte:

„Ich werde allen erzählen, dass wir so lange bei diesem Bauern geblieben sind. Das werden sie glauben.

„Ja, das ist gut so“, erwiderte ich leise.

Als wir wenig später vor meinem Hotel standen, nahm er meine Hand.

„Wenn Nikos kommt... bitte quäl mich nicht.“

Ich wusste, was er mir damit sagen wollte und nickte.

„Ich werde überlegen, was ich ihm erzählen könnte, damit du nicht mit ihm wegfahren musst. Ich denke, dass du auch heute nicht mit ihm sprechen möchtest?“ Antonis schaute mich fragend an. Unmerklich schüttelte ich den Kopf.

„Das dachte ich mir.“

Er hielt meine Hand in der seinen und küsste mich lange und zärtlich... und wenig später stand ich vor meiner Zimmertür. Es war das erste Mal, dass ich ernsthaft darüber nachdachte, Nikos doch noch alles zu erklären und die Beziehung zu beenden. Aber gleich darauf verwarf ich den Gedanken. Da war noch meine Freundin. Es hätte mehr zerstört, als es genützt hätte, denn am nächsten Tag waren wir zu dieser Hochzeit geladen, und tags darauf fand unsere Abschiedsparty statt. Wären wir noch länger auf Kreta geblieben, dann hätte Antonis sein Ziel erreicht, dessen war ich sicher.

Das Hotelzimmer war leer und ich alleine. Wenn ich mich beeilen würde, könnte ich es schaffen, noch vor Nikos in der Bouzouki zu sein. Damit würde ich unangenehmen Fragen aus dem Weg gehen.

Nur wenig später betrat ich Antonis' Taverne. Nikos konnte ich nirgends entdecken. Ich hatte es geschafft! Etwas atemlos trat ich an unseren Tisch.

„Wir dachten schon, ihr beide würdet in den Bergen übernachten", war der allgemeine Tenor an mich.

„Ja, das dachte ich auch. Es war kein Wegkommen. Aber ihr kennt das ja", schwindelte ich.

„Ist Nikos schon da?", fragte ich vorsichtshalber. Meine Freunde verneinten, und keiner sah mich argwöhnisch an. Nicht einmal Gerdi und Max. Ich atmete auf.

„ Antonis hat uns alles erzählt", bemerkte Gerry.

„Das bezweifle ich", murmelte ich, unhörbar bei dem Lärm. Aber anscheinend hatte er gute Arbeit geleistet ...und hörbar:

„Dann wisst ihr Bescheid. Wir sind eben auf Kreta." Meine Freunde stimmten mir zu.

Erste Hürde erfolgreich übersprungen.

Ich nahm Platz. Antonis kam an unseren Tisch.

„Du warst schnell, Marie. Bist du geflogen?"
„Ja, genauso wie Ikarus", konterte ich schelmisch. Alle lachten. Auch Antonis schmunzelte.

„Dieser ist ins Meer gestürzt, wie du weißt."

„Vielleicht kam ich der Sonne doch nicht zu nahe!?", antwortete ich und freute mich diebisch, weil ich sah, dass es ihn Mühe kostete, meine Antwort unkommentiert zu lassen.

Von wegen, ich kam der Sonne nicht zu nahe. Ich brannte lichterloh!

„Was möchtest du trinken?", fragte er stattdessen.

„Irgendetwas", antwortete ich. Antonis verzog das Gesicht, schüttelte den Kopf und ging zur Bar. Mit einem Sektglas kam er wieder.

„Oh .... wie feudal", sagte ich näselnd und dankte ihm überschwänglich. Gerry blickte erstaunt auf.

„Ist sie betrunken?"

Antonis schmunzelte.

„Raki ist ein sehr starkes Getränk", meinte er augenzwinkernd.

„Dachte ich es mir doch", mischte sich nun auch Max in unser Geplänkel. „So, wie du heute drauf bist." Er sandte eindeutige Gesten in meine Richtung. Die gesamte Runde amüsierte sich köstlich. Antonis streckte seine Hand nach mir aus.

„Komm Marie, tanzen wir, vielleicht wirst du dann wieder nüchtern." Grinsend erhob ich mich.

„Was ist so lustig?", fragte ich wenig später. Irgendetwas schien Antonis zu erheitern.

„Du bist so lustig, Marie. Was ist plötzlich los mit dir? Wenn du so weitermachst, wissen bald alle Bescheid über uns.“

„Ich weiß. Ich werde mich zusammennehmen, ich verspreche es“, sagte ich, um im nächsten Augenblick erneut loszuprusten. Nun konnte sich auch Antonis nicht mehr zurückhalten.

„Früher habe ich auf Frauen anders gewirkt“, grinste er, „aber allem Anschein nach, werde ich alt.“ Sprach es, brachte mich zu unserem Tisch, nahm mein Sektglas, trank es in einem Zug leer und ging zu Yorgi, um sich ein Glas Wasser geben zu lassen.

„Das ist für dich!“, scherzte er und drückte mir den Becher in die Hand. Meine Freunde bogen sich vor Lachen.

„Was soll ich damit? Soll ich verrosten?“, alberte ich... Nun waren alle überzeugt, dass ich einen in der Krone hatte.

Dieser Lachanfall war offensichtlich eine Auswirkung von dem Flash, den Antonis und ich am Abend zusammen erlebt hatten. Anders konnte ich es mir nicht erklären. Es war wie aus heiterem Himmel über mich hereingebrochen, und es fühlte sich an, als ob ich betrunken wäre. Dabei hatte ich, außer zum Mittagessen, keinen Alkohol mehr zu mir genommen. Nur dieses Glas Raki, im Bergdorf, bei dem Bauern. Aber das war vor sechs bis acht Stunden gewesen. Nein, daran konnte es nicht liegen.

Wir tanzten wieder.

„Du bist der Sonne nicht zu nahe gekommen?“, neckte er mich. Antonis’ Anspielung auf meine Antwort von vorhin klang belustigt. Ich schmunzelte.

„Ich würde sagen, dass du der Sonne verdammt nahe warst, mein Schatz. Deine Flügel brannten bereits“, flüsterte er mir zu.

Ich grinste. „Tatsächlich?“

„Ja, tatsächlich! Ich habe sie brennen sehen... aber vor allem gespürt.“

Warum muss dieser Tag zu Ende gehen, dachte ich wehmütig.

Antonis schien meine Gedanken zu erraten.

„So intensiv wie heute ist es nicht immer“, sagte er leise. „Es muss der richtige Augenblick sein, und vor allem musst du es mit dem richtigen Partner tun. Und nicht zu oft, sonst schwächt die Wirkung ab“, fügte er augenzwinkernd hinzu.

Der Augenblick war perfekt gewesen, und der Partner war es ebenfalls. Das hatte ich erkannt. Ich habe so etwas nie wieder erlebt. Es funktioniert anscheinend nur, wenn beide mit aller Intensität darauf hinarbeiten, aber vor allem muss dieselbe Anziehungskraft vorhanden sein, die zwischen Antonis und mir bestanden hat.

Viele Jahre später wollte ich es versuchen. Aber mein damaliger Partner wusste wahrscheinlich nicht einmal genau, was ich mir tatsächlich wünschte. So ließ ich es sein. Es war ein Erlebnis, das mich mit Antonis verband, und so sollte es bleiben.

Ich war ein Mädchen... und Antonis ein erfahrener Mann. Er führte mich auf diesen Höhenflug, und ich ließ mich mitnehmen. Er wusste immer, was er wollte, und arbeitete zielstrebig darauf hin. So auch bei mir, und das beeindruckte mich. Er war trotz seines lausbubenhaften Charmes, eine außergewöhnliche Persönlichkeit.

Das Lokal füllte sich. Antonis brachte mich zurück, da er seine Gäste bedienen musste. Plötzlich fiel mir ein, dass Nikos schon lange überfällig war. In diesem Moment läutete das Telefon und Antonis hob ab.

„Marie, da war dein Freund am Apparat", berichtete er wenig später. „Sein Wagen hatte eine Panne und er bat mich, dir zu sagen, dass es noch dauern wird, bis er eintrifft." Antonis wirkte kühl und ruhig. Ich sah auf die Uhr.

„Was, schon so spät? Na ja, er wird schon kommen", und zu Antonis gewandt: „Ich danke dir."

„Besonders bekümmert wirkst du nicht!" Max' Feststellung klang lapidar.

Antonis machte sich daran, unseren Tisch abzuwischen, und das auffallend langsam, da ihn meine Entgegnung offenbar interessierte.

„Warum sollte ich?", antwortete ich daher. „Verletzt wird er nicht sein." Ich sah das Lächeln, das Antonis' Lippen umspielte.

„Hat er es endlich geschafft!?“ Max’s Frage kam überraschend... als Antonis uns verlassen hatte.

„Was meinst du?“, stellte ich mich unwissend. Er lächelte.

„Marie, spiel kein Theater! Ich sehe doch, was mit euch los ist.“

„Was du alles siehst, oder glaubst zu sehen!“, antwortete ich gereizt.

In dem Moment kamen Gerdi und ihr Tänzer an den Tisch. Max deutete mit dem Kinn zur Tanzfläche und zog mich fort.

„Max! Was soll das!? Ich will nicht tanzen!“

„Sei nicht so kindisch!“, rügte er mich.

Ich hatte keine Lust, mein Liebesleben vor ihm auszubreiten, und schon gar nicht auf der Tanzfläche. Außerdem war ich sicher, dass mein Verhältnis zu Antonis ihm keine Begeisterungsstürme entlocken würde.

„Wenn du nicht möchtest, dass jemand davon erfährt, solltest du vorsichtiger sein“, knüpfte er an das Gespräch an.

Das hörte ich heute schon zum zweiten Mal.

„Ich habe dich vom Strand raufkommen sehen... am frühen Morgen“, fuhr er fort.

„Na und! Vielleicht war ich schwimmen!?“

Max lachte.

„In der Discokleidung?“

Na klar, das glaubt mir keiner.

Er grinste anzüglich.

„Marie! *Ich* war nicht da. Gerdi und Yorgi sind ins Außenlager gefahren. Das hat Gerdi heute Morgen beim Frühstück erzählt. Du willst mir doch nicht weismachen, dass zwischen dir und Antonis nichts vorgefallen ist. Du bist knapp vor Acht nach Hause gekommen. Ihr habt doch nicht nur geredet!" Ungläubig schüttelte er den Kopf.

„Die Sirtaki Tänzer waren doch da", versuchte ich mich zu rechtfertigen.

„Ich könnte mir denken, dass die Zwei nicht allzu lange geblieben sind, um euch nicht zu stören." Max schaute amüsiert.

„Na gut, du Schlaumeier!", antwortete ich genervt. „Wir haben nicht nur geredet."

Max grinste, dann schüttelte er den Kopf.

„Sagst du es Nikos... und auch Gerdi?"

„Nein, natürlich nicht!", antwortete ich entsetzt.

„Wie soll es weitergehen... in den nächsten Tagen? Wollt ihr so tun, als wäre nichts geschehen?"

Ich seufzte. „Wenn ich *das* nur wüsste!"

Max sah mich vorwurfsvoll an.

„Gratuliere! Jetzt hast du es wieder einmal geschafft, ein riesiges Chaos zu fabrizieren!"

Hilfesuchend sah ich zu ihm.

„Ach Max, warum sind die Dinge immer so kompliziert?"

Diese Frage ließ er vorsichtshalber unkommentiert, quetschte mich aber weiter aus.

„Wo seid ihr heute gewesen? Doch nicht bei diesem Bauern, oder?“

„Doch! Aber nur ganz kurz“, gab ich zurück.

„Wo dann?“

Ich sah, dass meine Antwort ihn brennend interessierte und räusperte mich... ein klein wenig verlegen.

„In Matala“, antwortete ich schnell.

„In Matala!?! Was in aller Welt hattet ihr in Matala zu suchen!? Das sind gut vier Stunden Fahrt... hin und zurück!“

„Deswegen ist es auch so spät geworden!“

Max lachte. „Marie, ihr ward neun Stunden fort. Da fehlen noch immer Fünf“, zog mein Kumpel mich auf.

„Wir waren auch essen, oder glaubst du, wir hatten keinen Hunger!?“, erwiderte ich trotzig.

„Davon bin ich überzeugt... dass ihr Hunger hattet. Fragt sich nur, worauf.“ Max hatte Mühe, ernst zu bleiben.

„Okay“, konterte er schlagfertig. „Ihr seid vier Stunden gefahren, und ihr habt fünf Stunden lang gegessen, verstehe ich das richtig?“

Wutentbrannt blickte ich in sein lachendes Gesicht und ließ ihn stehen... mitten auf der Tanzfläche. Max lief hinter mir her.

„Marie, warum bist du so zornig!? Ich sage ohnehin nichts mehr! Du musst selbst wissen, was du tust!“ Versöhnlich lächelte er mir zu.

„Sorry, ich wollte dich nicht kränken. Aber diese

Situation überfordert mich“, murmelte ich.
Neugierig starrte Max mich an.

„Marie, sag mir nur noch eins. Warum Matala?“
Jetzt war ich es, die sich ein Lächeln verkneifen musste.

„Weil Göttervater Zeus seine Europa an diesen Strand entführt hat... und dann auch verführt“, erwiderte ich schmunzelnd.

Max riss die Augen auf, dann begann er zu lachen.

„Sei mir nicht böse, Marie. Aber ihr seid beide riesengroße Spinner.“

„Ich weiß“, grinste ich zurück.

Eifersucht

Nikos traf kurz nach Mitternacht ein, trat an unseren Tisch, küsste mich und streckte seine öligen Hände nach mir aus. Mit einem Aufschrei rutschte ich zur Seite. Schelmisch lächelnd setzte er sich zu mir.

Der Wagen war plötzlich stehengeblieben und nicht mehr angesprungen. Aber er und sein Freund hatten den Schaden beheben können. Nun riefen die beiden nach Antonis, um ihn um ein Waschmittel zu bitten. Normale Seife würde nicht ausreichen.

In dieser Nacht waren weniger Gäste in der Disco. Antonis hätte insofern mehr Zeit für uns gehabt. Aber seit Nikos da war, wirkte er angespannt und vermied jeglichen Blickkontakt mit mir.

Nikos hatte dann und wann seinen Arm um mich gelegt. Ich versuchte zwar immer, mich so zu setzen, dass ihm dies nicht gelang, aber ganz vermeiden ließ es sich nicht. Die Situation war unangenehm, aber was konnte ich dagegen tun? Sollte ich meinem Freund sagen, dass er mich nicht umarmen durfte? Antonis musste lernen, damit umzugehen. Ich flippte auch nicht aus, wenn er mit Gerdi tanzte.

„Es wäre besser, wenn er sich etwas einfallen ließe... für die Zeit nach der Sperrstunde, als den Eifersüchtigen zu mimen“, grübelte ich, denn langsam wurde ich unruhig.

Nikos hatte noch nicht davon gesprochen, aber es wäre unsere letzte gemeinsame Nacht, und ich wusste nicht, was ich ihm antworten sollte, wenn er mich bat, mit ihm zu fahren.

Vor Stunden hatte Antonis beteuert, dafür zu sorgen, dass das nicht passieren würde. Es wurde Zeit, meinen Liebhaber an dieses Versprechen zu erinnern, und so stand ich auf, um zur Toilette zu gehen.

„Hoffentlich kommt Antonis nach", dachte ich und beschloss, im Hinterhof zu warten. Einige Augenblicke später war er da.

„Musst du so dasitzen mit ihm!?", schnauzte er mich an.

„Antonis, sei nicht ungerecht! Mit welcher Begründung sollte ich ihm sagen, dass er mich nicht berühren darf!?"

„Indem du ihm reinen Wein einschenkst, wie sich das gehören würde", antwortete er.

Die alte Leier! Ich ersparte mir die Antwort und fragte stattdessen:

„Hast du dir überlegt, was wir nach der Sperrstunde tun könnten? Ich bin schon sehr nervös."

„Wieso? Hat er etwas gesagt?", meinte er spöttisch. „Willst du mit deinem Freund nicht doch noch eine letzte Nacht verbringen, bevor du abfliegst?"

Ich holte tief Luft. Dieser Satz ging mir an die Nieren.

„Weißt du was, wenn er mich fragt, ob ich die Nacht mit ihm verbringen will, werde ich ihm erzählen, ich hätte die Masern! Bist du nun zufrieden!?", schnauzte ich zurück, wandte mich ab und ließ ihn stehen.

„Marie!!!"

Seine Stimme klang scharf, als er meinen Namen rief. *Oh nein! Nicht in dem Ton... und nicht mit mir*.

Ich ging weiter und verließ den Hof.

Als ich zum Tisch kam und mich setzen wollte, fasste mich Nikos am Arm.

„Wollen wir tanzen?"

Ich nickte. Es war sowieso egal. Antonis war sauer, und was ich auch tat, solange Nikos an meiner Seite war, würde sich das nicht ändern. Doch schon im nächsten Augenblick öffnete sich die Tür und Antonis betrat den Raum. Er blickte kurz in meine Richtung, ging zu unserem Tisch und schnappte sich Gerdi.

Schnappte war der richtige Ausdruck. Er zog sie regelrecht auf die Tanzfläche, war bester Laune und begann wenige Augenblicke später, heftig mit ihr zu flirten. *Jetzt wären wir wiederum so weit*, dachte ich. Doch plötzlich, ich traute meinen Augen nicht, küsste er sie auf den Mund. Zugegeben, der Kuss dauerte nicht sehr lange, aber zu allem Überfluss strich er ihr durchs Haar, und als wäre das nicht genug, flüsterte Antonis meiner Freundin ins Ohr... und es schien etwas angenehmes zu sein, denn Gerdi lächelte ihm freudestrahlend zu.

Natürlich wusste ich, warum er das tat, aber

deswegen war es nicht weniger schlimm für mich. Ich hatte Mühe, nicht loszuheulen. Meine Gefühle verbergend, tanzte ich weiter. Als Nikos' Freund das Ersatzteil brachte, verließen wir den Tanzboden.

„Was soll *das* werden!?“ Max wirkte irritiert, und er sah zu Antonis und Gerdi.

„Frag ihn selbst!“, gab ich patzig zur Antwort.

„Veranstaltet ihr eine Eifersuchtstragödie?“ Er sah mich zweifelnd an.

„Ich nicht, obwohl ich Lust hätte, ihm den Eiskübel aufzusetzen!“ Meine Stimme klang zornig.

Kaum hatte ich das gesagt, kamen die Beiden an den Tisch. Sie setzten sich gegenüber. Antonis grinste, zündete eine Zigarette an und blies mir den Rauch ins Gesicht. Ich warf ihm giftige Blicke zu. Inzwischen war Nikos zurückgekommen.

„Darling, sei nicht böse, aber ich muss nach Hause und das Ersatzteil ins Auto einbauen. Mein Freund braucht den Wagen. Er muss morgen früh damit zur Arbeit.“ Mir fiel ein Stein vom Herzen.

„Ich wollte so gerne diese Nacht mit dir verbringen“, flüsterte er.

„Nein, ich bin nicht böse, ich verstehe dich doch“, beruhigte ich ihn und bemühte mich, nicht allzu erleichtert auszusehen.

Antonis war unser Gespräch nicht entgangen. Selbstzufrieden und lächelnd saß er da. Ich stutzte. Wusste er Bescheid? Ich sah, dass er lediglich die Brauen hochzog und unmerklich die Schulter zuckte.

Na warte! Mich hatte er mit seiner Eifersucht gequält, und obwohl er genau wusste, dass Nikos bald wegfahren würde, war es ihm nicht in den Sinn gekommen, darüber auch nur ein Wort zu verlieren. Sein Theater mit Gerdi, vorhin, hatte *ihm* vielleicht Spaß gemacht. Mich hatte es verletzt.

Nun wusste ich auch, warum er sich nicht mehr darum gekümmert hatte, Nikos loszuwerden. Brauchte er auch nicht zu tun. Mein Freund würde ihm diese Nacht nicht im Weg stehen. Stattdessen hatte er mich mit Vorwürfen überhäuft, weil...

Ja, weswegen eigentlich? Weil Nikos den Arm um meine Schultern gelegt hatte? Ich war stinksauer!

„Ich werde versuchen, am Vormittag ins Palmera zu kommen, um dich zu sehen", verabschiedete Nikos sich nur wenig später. „Schade, dass du am Abend nicht da bist. Aber ich weiß, wie sehr du dich auf diese Hochzeit freust. Ich wünsche dir viel Spaß", fuhr er fort... mit einem kurzen Seitenblick auf seinen Nebenbuhler, der jedoch keine Miene verzog und auch nicht daran dachte, ihn aufzufordern, nachzukommen.

„Ich würde mich freuen", säuselte ich – ebenso ohne die Bitte, sich uns anzuschließen.

Kurz darauf stand Nikos auf, legte seine Arme um mich und wir küssten uns... ausgiebig... direkt vor Antonis' Augen, um gleich darauf die Disco zu verlassen.

Ich blieb nur kurz weg, hatte meinen Freund bloß

zu seinem Wagen begleitet. Normalerweise hätten wir uns auch dort verabschieden können, aber Nikos war Antonis' Verhalten wohl nicht entgangen, und so machte er deutlich, wer zu wem gehörte... und ich hatte noch ein Hühnchen zu rupfen gehabt, mit dem guten Mann. Der Kuss zwischen Antonis und Gerdi lag mir noch schwer im Magen, und sein Auftritt danach, als er mich unverschämt angegrinst und mir den Zigarettenrauch ins Gesicht geblasen hatte, ärgerte mich noch immer. Deswegen hatte ich Nikos gewähren lassen, als er mich vor meinen Freunden küsste. Antonis sollte am eigenen Leib spüren, wie sich das anfühlt.

Als ich zurückkam, waren Max und Antonis in ein Gespräch vertieft. Ich nahm Platz, zündete mir eine Zigarette an, lehnte mich vor und als Antonis hersah, blies *ich* ihm den Rauch ins Gesicht. Er sah mich an, stand auf und ging zur Bar.

„Musste das sein?", tadelte Max.

„Ja, das musste sein!" Ich blickte trotzig. „Und wenn er jetzt nicht mehr mit mir spricht, ist es mir auch egal!"

Max seufzte.

„Manchmal kannst du richtig stur sein, Marie."

Die nächste Stunde verlief nicht so fröhlich wie sonst. Ich war immer wieder auf der Tanzfläche zu finden. Dass Antonis mich beobachtete, ignorierte ich.

Plötzlich stand er hinter mir. Ich hatte ihn nicht kommen sehen.

„Tanzt du noch mit mir?“, fragte er leise. Wortlos ging ich mit ihm.

Während des Tanzes sprach keiner von uns. Antonis hielt mich nicht so eng wie sonst und er sah mich auch nicht an. Ich lag in seinen Armen und genoss das Gefühl, dass seine Gegenwart in mir auslöste.

Minuten verstrichen. War er noch böse mit mir? Und als hätte er meine Frage gespürt, glitten seine Hände sanft über meinen Rücken. Mein Herz drohte zu zerspringen und sämtlicher Groll, den ich noch in mir trug, war mit einem Mal verflogen. Ich hob den Blick. Er sah mich zärtlich an.

„Es war dumm von mir, dich so zu provozieren, aber ich war sehr zornig auf dich, als du mich einfach stehen gelassen hast. Und dann hast du mit Nikos getanzt, als wäre nichts gewesen. Ich wollte es dir heimzahlen. Darum habe ich Gerdi geküsst. Doch dann habe ich deinen entsetzten Blick gesehen und mir wurde klar, dass ich zu weit gegangen bin. Die letzten Stunden waren wunderschön, ich will sie nicht zerstören.“

Entzückt lauschte ich seinen Worten.

„Weißt du Antonis“, erwiderte ich freudestrahlend, „ich bin drauf und dran, mich in dich zu verlieben.“

„Hast du das nicht schon längst getan, mein Schatz?“, fragte er augenzwinkernd. Ich lachte.

„Bilde dir bloß nichts ein, du griechischer Zeus!“

Es war zwei Uhr morgens. Die Polizei kam und bat die Gäste auszutrinken und zu gehen. *Sperrstunde!*

Während Antonis und Yorgi abkassierten, bereiteten Gerdi, Max und ich alles vor, für unsere obligatorische Privatfeier. Es waren wieder einige Freunde von Antonis hier, und so waren wir zehn Leute. Auch die beiden Sirtaki-Tänzer waren dabei, schienen aber verwirrt zu sein, denn als Gerdi Antonis einige scherzende Worte zurief und dieser sie lachend an sich drückte, sahen sie *mich* irritiert an.

Es war irgendein dummer Witz von Gerdi gewesen, der uns alle zum Lachen brachte, den diese beiden Kreter jedoch nicht verstanden hatten. Vor ihren Augen erschien wohl das Bild von letzter Nacht, als sie Antonis und mich allein ließen. Zwischen uns hatte es heftig geknistert, das hatten sie bemerkt, und vor einigen Stunden musste Yorgi die Disco aufschließen und das Show-Programm abklären, weil Antonis mit mir unterwegs war. Mit Nikos' heißem Abschiedskuss war das Verwirrspiel vermutlich perfekt gewesen, und Antonis' missmutige Laune war ihnen wohl auch nicht entgangen.

Nun blickten sie verständnislos von Antonis zu mir und man sah deutlich, dass unsere verworrenen Liebesverhältnisse ihnen einiges Kopfzerbrechen bereitete.

Leise spielte die Musik und das Licht war bis auf den kleinen Spot über der Theke ausgeschaltet. Von draußen durfte man nichts sehen. Das wurde sehr streng gehandhabt, damals... auf Kreta.

Bis 1974 regierte die berüchtigte *Junta*, eine Militärdiktatur, und die Spuren waren fünf Jahre danach noch vorhanden.

Da wir immer, auch nachdem das Lokal geschlossen war, sehr viel getanzt hatten, blieb es natürlich nicht aus, dass Antonis und ich uns gemeinsam in der Bar aufhielten... zum Tanzen. Denn außer einigen Küsse und anderen Zärtlichkeiten, war natürlich nichts mehr möglich.

Die letzten Tage

Der Morgen war angebrochen, als wir nach Hause gingen. Ich konnte lange keinen Schlaf finden. In diesen 24 Stunden war so viel passiert und hatte alles über den Haufen geworfen.

Ich wandte meinen Kopf und beobachtete Gerdi, die friedlich neben mir schlief. Ihre Liebelei mit Antonis hatte sich in Luft aufgelöst und ich stellte mir die Frage, ob sie bemerkt hatte, was zwischen ihm und mir lief. Zwar waren wir immer alle zusammen, und wenn Nikos neben mir saß, hielt sich Antonis meistens in Gerdis Nähe auf. Dann tanzten sie und hatten Spaß, aber mehr war da nicht. Bis auf diesen einen Kuss, den er ihr, in einem Anfall von Zorn und Eifersucht, gegeben hatte. Aber das war ohne Bedeutung, denn eine Stunde später waren Antonis und ich wieder zusammen. Einen kurzen Moment beschlich mich das Gefühl, als ob sie uns beobachten würde. Aber vielleicht bildete ich mir das ein, und es war nur mein schlechtes Gewissen, das mich quälte. Unsere Freunde hatten nichts bemerkt, dessen war ich sicher. Außer Max, aber der wusste von Anfang an Bescheid.

Als wir Stunden später beim Frühstück saßen, kam Nikos ins Hotel, genauso, wie er es versprochen hatte. Sein Bruder vertrat ihn im Shop. Eine Stunde später musste er wieder zurück. Er und ich würden uns erst am Mittwoch wiedersehen, am Tag unserer Abschiedsfeier.

Mein schlechtes Gewissen begann sich nun auch ihm gegenüber zu melden. Er war sich meiner Treue sicher und er liebte mich. Das hatte er mir oft genug gesagt, und auch wenn er es nicht getan hätte, jeder konnte seine Gefühle sehen. Aber da war noch Antonis, und *der* hatte mich am Haken.

Dieser Mann war wie ein Sturmwind in mein Leben getreten, und er würde es genauso wieder verlassen. Das wusste ich. Wir waren entflammt füreinander... sehr heftig. Es war ein Strohfeuer, das lichterloh brannte. Aber es war ohne Zukunft.

Antonis und mich verbanden zwei Dinge – unsere Leidenschaft und unsere Freundschaft. Aber würde das Eine ohne das Andere bestehen können? Wohl kaum. Der Sex würde nicht ewig so sein, und was kam danach...?

Wir kannten uns kaum, und er wollte mich ganz für sich. Mein bisheriges Leben sollte ich aufgeben, um bei ihm zu sein. Ein Leben auf Kreta..., eine Mentalität, die mir sehr fremd erschien. In der Bouzouki Bar war Urlaub, aber der Alltag sah anders aus.

Und sein Job! Ich wusste, er würde seiner Frau nie erlauben, in einem Nachtclub zu arbeiten, oder darin auch nur zu verweilen. Das könnte er gar nicht tun. Seine Freunde würden mit den Fingern auf ihn zeigen.

Ich sah mich bereits, in seiner Wohnung in Iraklion, wartend, dass er am Morgen nach Hause käme, nach einer Nacht mit Touristinnen, die diesem rassigen Mann hinterherliefen...

Nein! Das war nichts für mich! Nie im Leben käme ich damit zurecht!

Noch drei Tage, dachte ich, *dann war alles vorbei.* Es war gut, so wie es war. Auch wenn es wehtat.

Ich habe noch niemals darüber gesprochen, was in diesen 24 Stunden tatsächlich geschehen ist. Es gab auch nichts zu sagen. Es war so einzigartig, wie man es wahrscheinlich nur einmal in seinem Leben erlebt – wenn überhaupt.

Ich weiß auch nicht, ob es für ihn genauso war. Aber damals, auf Kreta, gab er mir das Gefühl.

Antonis kam wie versprochen, um die Mittagszeit. Wir hatten vor, ins Landesinnere zu fahren, was wir auch taten.

Am Abend gingen wir auf die Hochzeit. Es war ein gigantisches Fest, wie es nur Griechen veranstalten können, und wir wurden herzlich empfangen. Ein eindrucksvolles Erlebnis, wie alles andere... fast alles andere.

Wir blieben bis zum frühen Morgen. An viel Schlaf war nicht mehr zu denken, weil wir beginnen mussten, für die Abendparty zu planen. Wir hatten Antonis versprochen, zu helfen. Es sollte auch zu

Essen geben, und weil das Fest in der Disco stattfand, musste genug da sein, für alle Gäste.

So sind sie eben, diese Griechen. Nach dem Motto: Alle oder Keiner! Ich würde mir wünschen, dass sich diese Einstellung auch einmal bei uns durchsetzt.

„WE ARE ALL GREEKS!“

Dieser Internetblog hat einen tieferen Sinn. Nur der Zusammenhalt stärkt. Dann wäre die aktuelle Krise besser zu bewältigen.

Aber zurück nach Pasormalos.

Nach einer sehr kurzen Nacht versammelten wir uns im Frühstücksraum. Allerdings machte sich der permanente Schlafmangel bemerkbar, und zwar bei uns allen. Wir kamen pro Nacht gerade mal auf zwei bis vier Stunden Schlaf... wenn überhaupt. Meine erste Geburtstagsfeier war vor drei Tagen, und da hatten wir überhaupt nicht geschlafen.

Der Hotelchef brachte uns Greek Café, und dieser half uns wieder auf die Beine. Der Frühstückskaffee, den sie auf der Insel servierten, reichte für unseren Lebenswandel schon lange nicht mehr aus. Aber Greek Café weckt Tote auf, oder zumindest fast, und so stand der Abschiedsparty nichts mehr im Weg.

Der Abschied naht

Als Nikos kam, war Antonis bereits da. Wir saßen alle zusammen und beratschlagten über das Abendessen. Es sollte verschiedene Salate geben, sowie Fleisch, Tzatziki und Weißbrot. Um die Getränke brauchten wir uns nicht zu kümmern, die waren in der Bouzouki Bar reichlich vorhanden.

Antonis war wie ausgewechselt. Er behandelte Nikos sehr freundlich und unterhielt sich mit ihm.

„Bist du nun zufrieden?", raunte er mir in einem unbeobachteten Moment zu. Zärtlich lächelte ich ihn an, die Lippen zum Kuss geformt.

Es herrschte große Aufregung wegen der bevorstehenden Party, und es wäre wenig Zeit für Liebesgeflüster gewesen. Aber Antonis bemühte sich wirklich, und darauf kam es mir an.

Nikos war schon lange fort, als wir uns auf den Weg zur Bouzouki Bar machten. Es stand viel Arbeit bevor. Antonis hatte um eine Sondergenehmigung angesucht, damit er sein Lokal bis zum Morgen offenhalten konnte, und diese auch erhalten.

Unter Plaudern und Lachen verlief der Nachmittag. Da wir acht Personen waren, dauerten die Vorbereitungsarbeiten nicht so lange, wie ich anfangs gedacht hatte und kurz vor 18 Uhr war alles fertig. Wir liefen zum Strand... ein letztes Bad im kretischen Meer. Ohne unsere Kreter... denn einen

Griechen ins Meer zu bekommen, war damals ein Ding der Unmöglichkeit. Nur einmal gelang mir dieses „Kunststück“, und das war nach unserer Liebesnacht.

Zwei Stunden später betraten wir Antonis’ Bar. Er hatte seine engsten Freunde eingeladen und diese waren bereits eingetroffen. Unsere letzte Party auf Kreta. Morgen würden wir diese Insel verlassen. Schon der Gedanke daran, bereitete mir Übelkeit, und so schob ich ihn weit weg. Jetzt, so kurz vorm Abschied, überlegte ich ernsthaft, auf Kreta zu bleiben. Ich war wie zerrissen.

Was wäre wenn...? Könnte es mit mir und Antonis klappen, oder waren wir doch zu verschieden? Wie würde der Alltag aussehen? Und vor allem, wie würde Antonis sich im Alltagsleben verhalten? Ich wäre dann keine Touristin mehr, die tun und lassen konnte, was ihr gefiel. Ich müsste mich nicht nur nach den Gepflogenheiten des Landes, sondern vor allem nach Antonis’ Wünschen richten. Wäre ich dazu in der Lage?

Mein ganzes Leben war ich ein Freigeist gewesen, machte genau das Gegenteil von dem, was von mir erwartet wurde. Mit dieser Lebenseinstellung hatte ich nicht nur meine Eltern, sondern auch oft genug meine Lehrer und später meine Vorgesetzten zur Verzweiflung gebracht. Einzig und allein die Tatsache, dass ich in meinem Job nicht nur sehr verlässlich, sondern auch sehr tüchtig war, hatte mich mehr als einmal davor bewahrt, hinausgeschmissen zu werden. Und nun sollte ich in einem Land leben, in dem die Männer das Sagen hatten. *Oh mein Gott!*

Wie sah es mit einer Fernbeziehung aus? Antonis hatte diese Möglichkeit in den Raum gestellt. War es ihm wirklich ernst damit? Und vor allem, wie sollte das ablaufen? Wann sollten wir uns sehen? Kreta lag nicht ums Eck. Außerdem war die Saison bald zu Ende. Antonis brauchte einen Job. Was, wenn er keinen fand...?

Tausend Fragen, Gedanken, und ja, auch Bedenken gingen durch meinen Kopf. Es war zu dieser Zeit sehr schwierig, solch große Entfernungen zu überwinden. Wir schrieben das Jahr 1979, und zu diesem Zeitpunkt begann sich die moderne Technik erst langsam zu entwickeln. Flüge waren enorm teuer. Ob auf Kreta oder auf dem Mond, da war kein großer Unterschied. Ich war erst 20 Jahre alt und mit der Situation völlig überfordert. Das kam erschwerend dazu.

Heute ist das anders. Die Flüge sind leistbar geworden und man könnte sich mehrmals im Jahr besuchen, und somit wäre auch eine Fernbeziehung möglich. Die meisten Griechen können sehr gut damit leben, und auch ich hätte kein Problem damit. Es gibt Telefon, Internet, Skype. Alles ist erschwinglich.

Damals kam mir eine Fernbeziehung utopisch vor, und die Angst, meine Heimat zu verlassen, war riesengroß.

Doch die Party vertrieb meine trüben Gedanken. Heute war heute, und morgen war noch nicht da... und als Nikos kam, war das Fest voll im Gange. Es wurde getanzt und gelacht, als gäbe es keinen nächsten Tag.

Es war drei Uhr morgens geworden und die Disco war zum Bersten voll.

„Ich habe Yorgio gebeten, unser Lied zu spielen. Weißt du, an welches ich denke?“, fragte mich Antonis. Ich nickte. In dem Moment erklang Leroy Gomez’ Stimme.

You’re my everything...

...und in dem Moment wurde mir bewusst, dass dieser Urlaub unwiderruflich zu Ende war.

Eng umschlungen tanzten wir diesen Tanz; es war unser letzter gemeinsamer, und wir vergaßen, dass rund um uns eine Welt existierte.

Das Lied hatte geendet. Schweigend nahm Antonis meine Hand und wir verließen das Lokal. Eng umschlungen gingen wir die Straße entlang, die zu unserem Strand führte; dorthin, wo wir uns vor einigen Tagen so leidenschaftlich geliebt hatten.

Lange Zeit blickten wir aufs Meer, das ganz dunkel vor uns lag. Ein paar Sterne spiegelten sich darin und ich sah zu, wie die Wellen den Lichtschein verzerrten. Es war vorbei! Ich hatte mich entschieden und Antonis hatte es akzeptiert.

„Es hätte so schön mit uns werden können."

Die Bitternis, die seine Worte begleitete, schnitt mir ins Herz.

„Es *war* schön mit uns", antwortete ich leise. „Die Zeit mit dir werde ich niemals vergessen." ...und während ich sprach, spürte ich die Tränen, die über meine Wangen liefen.

Ich hatte den Kopf an seine Schulter gebettet und er streichelte mein Haar. Eng hatte ich mich an ihn geschmiegt.

Nach einer kleinen Ewigkeit erhoben wir uns. Es wurde Zeit, zurück zu gehen.

Der Wein floss in Strömen und die Gäste amüsierten sich. Antonis holte Nachschub und ich begab mich auf die Suche nach Nikos.

„Wo warst du? Ich habe dich vermisst."

„Ich musste an die frische Luft, hier ist es so heiß", schwindelte ich. Prüfend sah Nikos mich an.

„Du hast geweint!", sagte er leise.

„Es geht schon wieder", flüsterte ich, doch im nächsten Augenblick traten erneut Tränen in meine Augen. Ich stand auf und Nikos tat selbiges.

Ich hielt ihn zurück. „Bitte nicht...!"

Fluchtartig verließ ich das Lokal und lief die Straße hinunter. Tränen rannen über mein Gesicht. Wie blind lief ich durch die Gassen von Pasormalos. Es tat gut, meinen Gefühlen freien Lauf zu lassen. Vorhin, am Strand, hatte ich versucht, mich zu beherrschen. Damit war es nun vorbei. Jetzt hatte ich das heulende Elend.

Nach einer gefühlten Ewigkeit versiegten meine Tränen. Ich ging zurück, nahm den Hintereingang, um mein Make-up in Ordnung zu bringen. Am Eingang stieß ich mit Antonis zusammen.

„Alles okay bei dir?“, fragte er. Ich nickte und ging weiter. Nach einigen Metern drehte ich mich um und sah, dass auch er mir nachschaute.

„Mir geht es gut“, kam ich wenig später Nikos’ Frage zuvor, als ich mich zu ihm setzte.

„Der Abschied fällt mir schwer, und ich muss mich erst an den Gedanken gewöhnen, Kreta zu verlassen.“

„Du wirst sehen, der Winter ist bald da und dann komme ich zu dir“, tröstete er mich. „Es sind nur mehr drei Monate.“

„Armer Nikos“, dachte ich, und schämte mich meiner Gedanken. „Wenn du wüsstest, dass meine Tränen einem anderen gelten.“

Was ich nie für möglich gehalten hatte, war passiert. Jetzt, so wenige Stunden vor dem Rückflug, fiel es mir wie Schuppen von den Augen. Ich hatte mich in Antonis verliebt, meine Gefühle ihm gegenüber lange Zeit verleugnet und mir eingeredet, es wäre lediglich eine Affäre.

Ich saß inmitten der vielen Menschen, träumte vor mich hin und malte mir aus, dass ich zu Antonis gehen und ihm sagen würde, dass ich bei ihm bleiben möchte. Aber ich tat es nicht...

Stattdessen ging ich mit Nikos tanzen, und Antonis sah ich nur mehr von weitem.

Das Ende eines schönen Traumes

Die Nacht war vorüber und die meisten Gäste hatten sich verabschiedet. Der Rest half mit, die Disco aufzuräumen, und als wir fertig waren, war es knapp vor acht Uhr. Gemeinsam fuhren wir ein letztes Mal nach Balis... zu Maria.

Zwei Stunden später war es soweit. Antonis wollte zurück und der Augenblick des Abschieds war gekommen. Nikos bat mich, ihn in seinen Shop zu begleiten. Er hatte ein Geschenk für mich vorbereitet, und er wollte es mir nicht im Beisein der anderen geben. Diesen Moment hatte ich gefürchtet. Jetzt musste ich so tun, als ob alles in Ordnung wäre. Ich selbst hatte mich in dieses Lügengewirr verstrickt und nun lag es an mir, es zu Ende zu bringen. Vorsichtig sah ich zu Antonis. Dieser jedoch, saß nur da. Seine Miene glich einer versteinerten Maske. Ich versuchte, nicht hinzusehen und nahm mir vor, die Verabschiedung so kurz als möglich zu halten.

Es wurde trotz allem ein zärtlicher Moment. Ich mochte Nikos sehr gerne, aber die Verliebtheit war verschwunden. Ich verabschiedete mich von einem guten Freund, den ich nicht wiedersehen würde.

Die Rückfahrt verlief schweigend. Im Hotel angelangt, suchten wir den Frühstücksraum auf. Das Gepäck stand bereit. Wir hatten noch drei Stunden.

„Glaubst du wirklich, dass Gerdi in mich verliebt

ist? So verliebt, dass du ihr die Wahrheit über uns verschweigen musstest?“, flüsterte Antonis, und sein Blick wanderte zu Yorgi, der mit meiner Freundin etwas abseits an einem der Tische saß.

„Doch, das ist sie, aber sie hat bemerkt, dass du das Interesse an ihr verloren hast. Sie will sich nicht blamieren. Und wenn ich Glück habe, denkt sie, wir wären nur Freunde“, fügte ich hinzu. Antonis antwortete nicht darauf.

...und dann ging alles ganz schnell. Der Bus kam und die Reiseleiterin bat uns einzusteigen. Yorgi liefen die Tränen übers Gesicht, als er Gerdi *Lebewohl* sagte. Ich konnte kaum hinsehen. Als *ich* Yorgi umarmte, hatte er sich immer noch nicht beruhigt, und ich begann ebenfalls zu weinen.

Dann standen *wir* uns gegenüber. Antonis nahm mich in die Arme. Seine Stimme klang rau, als er *>s’agapo<* sagte.

„Ich liebe dich auch“, antwortete ich leise.

Wir blickten uns an... ein letzter kurzer Händedruck und ich stieg in den Bus. Minuten später fuhren wir ab.

Wir haben uns seither nie wieder gesehen.

ENDE

EPILOG

Während der Rückreise fühlten wir uns, als wären wir aus dem Paradies vertrieben worden. Gerdi und ich kämpften mit den Tränen, und unsere Freunde saßen stumm und mit betretenen Gesichtern im Flugzeug.

Zu Hause angekommen, verbrachte ich das gesamte Wochenende im Bett. Auf Kreta hatten wir kaum geschlafen, und das war gut so. Ich hätte keine Minute versäumen mögen. Meine Eltern sorgten sich bereits. Sie dachten, ich wäre krank geworden.

Am Arbeitsplatz gab es für Gerdi und mich nur *ein* Thema, und das war *Kreta*. Wir konnten uns zwei Wochen nicht dazu entschließen, unsere Uhren auf MEZ zurückzustellen. Aber so nach und nach normalisierte sich das Leben.

Nikos und ich schrieben uns regelmäßig. Für Antonis und Yorgi kauften wir Geschenke und bedankten uns für die wunderschöne Zeit, die wir mit ihnen verbringen durften. Gerdi war mit Yorgi und Antonis noch längere Zeit in Briefkontakt. Mich ließ Antonis in seinen Briefen immer grüßen... geschrieben haben wir uns nie.

Als der Winter Einzug hielt, lernte ich meinen späteren Mann kennen und beendete die Beziehung zu Nikos. Ich hörte nie wieder von ihm.

Zwei Jahre danach, ich war in eine andere Stadt gezogen, planten meine Freundin Karin und deren

Kollegin, ihren Urlaub in Balis zu verbringen. Ich bat sie, Antonis zu besuchen und ihm Grüße zu bestellen.

„Sag mal, was hast du mit Antonis angestellt?“, fragte Karin, als sie wieder zu Hause war. Ich war erstaunt.

„Der Mann hatte nur ein Thema... nämlich dich“, schmunzelte sie. „Wir waren mehrmals in seiner Disco, und kaum hatte er uns entdeckt, stand er schon da und ich musste ihm jedes Detail deines Lebens erzählen... und das mehrmals“, fuhr sie fort.

„Wenn dieser Antonis nicht in dich verknallt ist...“, zwinkerte sie. „Das hat sogar meine Freundin bemerkt“, schloss Karin ab.

Antonis hatte mich also nicht vergessen, und wenn ich im Herbst nach Kreta zurückkehre, werde ich versuchen, ihn zu finden.

Ich möchte sehen, wie es ihm geht und wie er lebt. Ihm einfach nur >*Hallo*< sagen.

Und wenn ich Glück habe, gelingt mir das sogar.

Liebe Leserinnen und Leser,

ich freue mich, dass Sie mein Buch gekauft haben, und hoffe, dass Ihnen die Liebesgeschichte von Antonis und Marie gefallen hat. Wenn ja, würde ich mich über eine freundliche Bewertung freuen.

Wie ich schon angekündigt habe, bin ich, als ich das Buch zu Ende geschrieben hatte, wieder nach Kreta geflogen. Und bevor sie mich jetzt fragen, ob ich Antonis gefunden habe: Ja, ich habe ihn wiedergesehen.

Wie unsere Begegnung verlaufen ist, und was danach geschah, können Sie in meinem neuen Buch:

ES WAR SOMMER – DIE RÜCKKEHR, WIEDERSEHEN AUF KRETA

erfahren.

Erschienen bei Amazon als eBook
http://www.amazon.de/dp/B00K4KWFAY/ref=cm_sw_r_fa_dp_USoBub1GQTAYP

und als Taschenbuch, ebenfalls bei Amazon
http://www.amazon.de/Es-war-Sommer-Rueckkehr-Wiedersehen/dp/1499361726/ref=pd_ecc_rvi_1

Dazu eine Kurzbeschreibung:

……… Antonis hielt mich im Arm. Seine Stimme klang rau, als er >s’agapo< sagte.
„Ich liebe dich auch“, antwortete ich leise.
Wir blickten uns an … ein letzter kurzer Händedruck und ich stieg in den Bus. Minuten später fuhren wir ab.
Wir haben uns seither nie wieder gesehen.

An dieser Stelle endet der 1. Teil.

Inzwischen sind mehr als 30 Jahre vergangen. Marie befindet sich auf dem Weg nach Kreta.
Die Suche führt sie nach Pasormalos, jenem Ort, an dem sie nicht nur ein Stück ihrer Vergangenheit, sondern vor allem Antonis zu finden hofft. Den Mann, dessen Bild sie noch immer in ihrer Erinnerung trägt.
Kaum angekommen, beginnen sich die Ereignisse zu überschlagen. Völlig unvorbereitet wird Marie mit einer ihr fremden und unverständlichen Mentalität konfrontiert. Immer wieder hat sie das Gefühl, dass Antonis ihr näher ist, als es den Anschein hat. Und dennoch scheint die Suche nach ihm vergeblich zu sein.
Bis sie auf Reza trifft. Jenen Mann, der ihr mehr verrät, als sie zu hoffen gewagt hat… und kurz darauf

ist sie am Ziel. Doch Antonis' Freunde verweigern Marie, den Kreter zu sehen.

Von ihrer Odyssee ebenso enttäuscht wie ernüchtert beschließt sie, die Suche nach dem Griechen einzustellen, und den Dingen ihren Lauf zu lassen... und plötzlich steht Antonis vor ihr.

Vom ersten Augenblick an, fühlen sich die beiden wie magisch voneinander angezogen. Die Vergangenheit ist längst wieder erwacht, doch plötzlich steht sie zwischen ihnen... und kurze Zeit darauf ist es gewiss: Es gibt keinen Weg zurück. Zu viele Jahre sind vergangen und haben ihre Spuren hinterlassen.

Eine letzte, gemeinsam verbrachte Nacht lässt nicht nur die Leidenschaft früherer Zeiten erwachen, sie gewährt auch tiefe Einblicke in die vergangenen Jahre, bis hin zu den Sommernächten von damals.

Dann trennen sich ihre Wege... für immer, wie es scheint.

Doch das Leben sorgt wie so oft, auf wundersame Weise, für eine unverhoffte Wendung des Schicksals.

13112948R00087

Printed in Poland
by Amazon Fulfillment
Poland Sp. z o.o., Wrocław